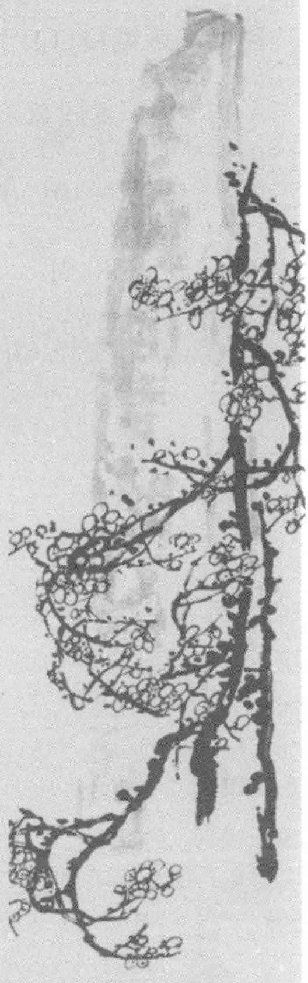

毛泽东诗词欣赏

周振甫 著

中华书局

图书在版编目(CIP)数据

毛泽东诗词欣赏/周振甫著. —北京:中华书局,2010.4
(2025.5重印)
ISBN 978-7-101-07092-7

Ⅰ.毛… Ⅱ.周… Ⅲ.毛泽东诗词-鉴赏 Ⅳ.A841.4

中国版本图书馆CIP数据核字(2009)第197555号

书　　名　毛泽东诗词欣赏
著　　者　周振甫
责任编辑　刘树林　马　燕
封面设计　王铭基
责任印制　陈丽娜
出版发行　中华书局
(北京市丰台区太平桥西里38号　100073)
http://www.zhbc.com.cn
E-mail:zhbc@zhbc.com.cn
印　　刷　河北新华第一印刷有限责任公司
版　　次　2010年4月第1版
2025年5月第29次印刷
规　　格　开本/880×1230毫米　1/32
印张9⅛　插页2　字数130千字
印　　数　320001-330000册
国际书号　ISBN 978-7-101-07092-7
定　　价　29.00元

目 次

副编/181

附录/247

引　言

毛泽东同志的诗词，就注释说，已有人民文学出版社的《毛泽东诗词选》(以下简称《诗词选》)和中央文献出版社的《毛泽东诗词集》(以下简称《诗词集》)。先就《诗词选》说，这个选本的好处：一、是注明诗词的创作年份，有的还注明创作月份，可以从中考究创作时的背景。二、对每首诗词创作的时代背景都作了说明，更有助于对诗词的理解。三、对有的词，还引了"作者自注"，由作者自己来说明词的主题思想，避免误解。再看《诗词集》，在《诗词选》收诗词五十首外，再加收十七首，共收诗词六十七首。分为正编四十二首，副编二十五首。正编都经作者校订定稿，除《贺新郎·别友》、《七律·吊罗荣桓同志》、《贺新郎·读史》三首是在作者逝世后由中共中央于1978年9月决定发表的。这些诗词是作者的上乘之作，奠定了他作为伟大诗人的历史地位。副编二十五首诗词，大体上分为两类，一是由作者反复修改或审定的，二是没有再修订的。

这两本《诗词》里有许多注释：一是作者于1958年12

月21日,在文物出版社刻印的大字本《毛主席诗词十九首》的书眉上作的批注,称为"作者自注"。二是1964年1月,外文出版社要出版《毛主席诗词》英译本,作者就作品中一些理解上的分歧处一一作了解答,编者也汲取了作者本人的这些解释。

《诗词集》对已经发表过的诗词,确定了少数诗词的写作时间,对新收的十七首诗词,作了简要注释。《诗词集》中的附录,有书信七封,批语、引言、后记、谈话等五篇。

我们这本《毛泽东诗词欣赏》对《诗词集》新收的诗词作了欣赏,对附录也作了简注。

毛泽东同志《在延安文艺座谈会上的讲话》说:"革命的文艺,则是人民生活在革命作家头脑中的反映的产物。人民生活中本来存在着文学艺术原料的矿藏","它们是一切文学艺术的取之不尽、用之不竭的唯一的源泉"。毛泽东诗词,多从革命斗争的生活中来,革命斗争的生活是毛泽东诗词的源泉。对革命斗争的生活愈有了解,对毛泽东诗词的了解也愈确切,这才有利于毛泽东诗词的欣赏。《毛泽东诗词选》里对诗词背景的注释很好,但因限于体例,要求扼要,不可能注得很详尽。《毛泽东诗词鉴赏》后附李捷、闻郁两同志的《毛泽东诗词五十首写作背景介绍》则较注释为详。如《答友人》诗,注释注友人为周世钊,这是主要的注释。又称:"作者给周的信中,在引用'秋风万里芙蓉国,暮雨千家薜荔村'(见本诗[芙蓉国]

注)，‘西南云气开衡岳，日夜江声下洞庭’(岳麓山联语)两联以后说：‘同志，你处在这样的环境中，岂不妙哉？’(见《毛泽东书信》第588页)可以跟本诗印证。”这个注，对于了解《答友人》诗中的“洞庭波涌连天雪”、“芙蓉国里尽朝晖”很有帮助，即这个注对了解这首诗是很有帮助的。但读了《背景介绍》，更有进一步的了解。《背景介绍》指出友人不光是周世钊，还有乐天宇送一枝斑竹和一幅蔡邕的《九嶷山铭》给毛泽东。读了《九嶷山铭》，才知道“九嶷山上白云飞”是从《九嶷山铭》里来的，“斑竹一枝千滴泪”，当跟乐天宇送的一枝斑竹有关。因此更需要参考《背景介绍》来探索毛泽东诗词，作出欣赏。

毛泽东同志在《讲话》里又说：“人民生活中本来存在着文学艺术原料的矿藏，这是自然形态的东西”。毛泽东诗词，就是从文学艺术原料的矿藏中加以提炼，保存它“最生动、最丰富”的优点。他怎样提炼是值得探索的，这当是欣赏所考虑的又一方面。试举一例，如《长征》中“五岭逶迤腾细浪，乌蒙磅礴走泥丸”一联，探索作者在这一联里所运用的艺术手法，有互文法、比喻格、引用格、映衬格、婉曲格、摹状格、对偶格，一共用了七种手法(见《长征》欣赏)，显示毛泽东诗词具有丰富的艺术手法。还有，按照百家争鸣来说，对一两首词的理解，可能与已有的注释不同。如《北戴河》，一般注释认为是曹操和乌桓族作战凯旋，曾经经过这一带。按曹操《步出夏门行》说：“云行雨步，超越九江之皋。临观异同，心意怀游豫，不知当复何从。经过至我碣石,心惆怅我东海。东临碣石,以观沧海。”据这首诗题的夏门,指洛阳北面西头的城门,从洛阳出发,经过九江之皋,即在洛阳城北。当时有人主张南征,有人主张北伐,所以心里还在犹豫不定,但还是北行,到了渤海边的碣石去观海。可见观海是出征时经过碣石去观海,不是战胜乌桓后回来观海的。再像《登庐山》:“热风吹雨洒江天”,一种解释“是实写”。按照《背景介绍》,作者在这首诗前曾写有小序:“1959 年 6 月 29 日登庐山,望鄱阳湖、扬子江,千峦竞秀,万壑争流。红日方升,成诗八句。”可见“热风吹雨”不是写实,是另有含意。这就会牵涉到不同的欣赏了。

这样看来,光有了前面讲的注本的背景说明,对有的诗词说来,似还有待于用李捷、闻郁两同志的《背景介绍》来作补充,才有利于作深入了解。对个别解释说,《诗词集》采用《诗词选》的注。《诗词选》的注者非常谦虚,说:“对不在 1964 年英译本范围内的作品,作者一般也没有作过解释,所以虽然我们尽了可能做到的努力,但是注释一定还有不确切的地方,深盼读者教正。”按《长征》是在 1964 年前写的,但对“三军”的注还有问题,所以他们所说的“还有不确切的地方”,是可信的。前面提到的注聊备一说,也不妨更有争鸣的解释。对鉴赏说,有了《毛泽东诗词鉴赏》,也不妨对艺术性作出不同于《鉴赏》的欣赏。这些,都有利于对毛泽东诗词作出更进一步的探讨。因此这本《欣赏》,试图在两方面努力:一是按照文学创作源于生活的规律,结合毛泽东同志的生动而丰富的革命生活,分析阐释其诗词的每一词语,真切品味其蕴含在词语背后的浩瀚革命精神;二是按照文学创作高于生活的规律,从艺术提炼的角度欣赏其所运用的各种艺术手法。只是由于水平有限,所作欣赏或有不够正确处,希望得到读者指正。

正　编

贺新郎·别友

挥手从兹去。更那堪凄然相向，苦情重诉。眼角眉梢都似恨，热泪欲零还住。知误会前番书语。过眼滔滔云共雾，算人间知己吾和汝。人有病，天知否？　　今朝霜重东门路。照横塘半天残月，凄清如许。汽笛一声肠已断，从此天涯孤旅。凭割断愁丝恨缕。要似昆仑崩绝壁，又恰像台风扫寰宇。重比翼，和云翥。

1923 年

这首词最早发表在 1978 年 9 月 9 日《人民日报》。

《贺新郎》，词牌名。词牌就是词调的名称。词在隋唐时代兴起，是配合各种曲调的歌曲，各种曲调称为燕乐，燕乐是汉族传统音乐和西域音乐融合的产物。词的曲调的唱法已经失传。后人按照各种词牌的字数、平仄（有的要分四声）来制定词谱，按词谱来写词。初步分为小令、中调、长调，一般以五十八字以内的为小令，九十字左右的为中调，以外的为长调。这首《贺新郎》一百一十六字，为长调。

词牌有各种名称，如本书中的《沁园春》、《菩萨蛮》、《西江月》等。这首词为双调，即分为上片、下片。一个词牌，作者按照曲调填词时，字数或有多少，平仄也有不同，所以同一个词牌又分为几调。如《贺新郎》，在“词律”中分为两调。最早的词牌有按词意命名的，后来作词者只照词牌的格律来填词，词意不再与词牌名有关，在词牌外另立题目，如本书中的《沁园春·长沙》、《菩萨蛮·黄鹤楼》；也有不另立题目的，如这首《贺新郎》，实是写离别的，是作者跟夫人杨开慧分别时写的。

这首词，是作者在1923年写的。这年6月，中国共产党第三次全国代表大会在广州召开。毛泽东同志出席了大会，当选为中央执行委员。大会通过了《关于国民运动及国民党问题的议决案》，决定同国民党合作，建立革命统一战线。9月至12月，毛泽东在湖南从事党的工作，年底奉中央通知，由长沙去上海转广州，准备参加国民党第一次全国代表大会。作品可能写于这年12月底离开长沙的时候。这首词，作者写他与夫人杨开慧分别时的心情，既写了离情别绪，还写了杨开慧的误会及其消释，反映了作者为革命事业献出全副身心的豪情。

杨开慧与毛泽东在1920年冬结婚。1921年秋，在中共湘区委员会成立后不久，杨开慧加入了中国共产党，伴随毛泽东从事革命活动。1922 年 10 月,生下长子毛岸英。1923 年 11 月,生下次子毛岸青。到了 12 月,毛泽东为了革命工作的需要,又要与生产后不久的妻子离别,这时候杨开慧的心情是有离情别绪的,毛泽东的心情是“凄然相向”的。

上片:“挥手从兹去。”“从兹”即从此。这句开头即点明是写别离。这句本于李白《送友人》“挥手自兹去”,“自”字改作“从”字,因按照词律这里当用平声,故改。“更那堪凄然相向,苦情重诉”。凄然,写凄凉的样子。相向,指两人相对。因为是分别,双方都有离情别绪,所以凄然是双方的,称“相向”。“苦情重诉”,苦情只是指对方的,对方有悲苦的感情。称“重诉”,对方已经诉说过苦情,在分别时重新诉说。不光是再一次诉说苦情,还有“眼角眉梢都似恨,热泪欲零还住”,描写她的愁苦,这种愁苦还流露在眼角眉梢上,热泪要流下来还噙住了,不让它流下来。大概在分别的场合,有离愁别恨,免不了要掉泪。唐代王勃在《送杜少府之任蜀州》里说:“无为在歧路,儿女共沾巾。”在分别时流泪,是小儿女的情态,不是革命者的表现,所以不让热泪流下来。但作者是看得很清楚的,看到对方有热泪,还看到对方噙住热泪不让它流下来,还看到这是热情的泪。这样细微的描写,是属于修辞学上的摹状格。对方为什么这样呢?“知误会前番书语”。从“凄然相向”里,写“凄然”是双方所同的。从“苦情重诉”到“热泪欲零还住”是对方独有的表现,这就不限于离别，还有别的原因，这里点出是由于“前番书语”所造成的“误会”。可见作者在湖南从事党的工作时，有时不在家，写信给对方，造成误会。这个误会引起了对方的苦情，引起了对方的热泪。这一切是从误会引起的，所以说“眼角眉梢都似恨”，用一个“似”字，即好像是“恨”，其实不是真的怨恨，误会消释了，怨恨也没有了。

“过眼滔滔云共雾，算人间知己吾和汝。”这里是修辞学上的引用格，引用了“过眼云烟”这个成语，比喻误会很快就消失了，不过成语是“过眼云烟”，这里作“过眼滔滔云共雾”，加上了“滔滔”，形容误会之大，把“云烟”改为“云共雾”，因为“雾”比烟大，也形容误会之大。这样一改，既切合误会之大，又符合词的格律。这样的引用格有创新。引用成语或原文对原文作了改变，是否可行？是可以的。如李商隐《牡丹》诗“锦帷初卷卫夫人”这句，是引用格和比喻格，用卫夫人的美貌比牡丹花。这句引自《史记·孔子世家》：“夫人在絺帷中。孔子入门，北面稽首。夫人自帷中再拜，环佩玉声璆然。”按照原文，当作“絺帷”，诗却改为“锦帷”。卫夫人在絺帷中，絺很薄，在絺帷中可以看到孔子。孔子离絺帷远，看不清卫夫人。原文并无卷帷之事，诗却写“初卷”，因为隔着“锦帷”，根本看不见卫夫人，所以作“初卷”，说明写诗是可以改动引文的。接下来说：“算人间知己吾和汝。”既然是人间知己，那么不论是怎样大的误会，一解释也就消失了。“人有病”，人民有病痛，即指人民在三座大山压迫下所造成的病痛。“天知否?”天知道吗? 天是不会知道的,只有靠革命来推倒三座大山。这里的“人有病”是比喻,比喻受压迫。“天知否”有含意,含有要起来革命之意。这两句既是比喻格,就它的含意说,又是婉曲格。

下片:“今朝霜重东门路。照横塘半天残月,凄清如许。”这里点明分别的地点和时间。地点在长沙东门外的清水塘,清水塘附近有火车站。到火车站,要经过霜重的东门路,到达清水塘。分别的时间是半天残月,即天快亮时。这里借“横塘”来指清水塘,是修辞学上的借代格。“汽笛一声”火车开行。“肠已断”写离情别绪,用的是夸张格,与“凄然相向”呼应。从此以后成为天边的孤客了。

“凭割断愁丝恨缕。”“凭”什么来割断愁丝恨缕,这里没有点明,是承上片来的,上片的“人有病,天知否”含有发动革命的意思,因此这里是凭革命的意思,这是修辞学上的省略格。把愁恨比作丝缕,这是比喻格。用丝缕来比愁恨,用意在说明丝缕可以割断。这里可能暗用李煜《乌夜啼》:“剪不断,理还乱,是离愁。”李煜认为离愁是剪不断的,这里反其意而用之,认为离愁是可能割断的。“要似昆仑崩绝壁,又恰像台风扫寰宇。重比翼,和云翥。”翥(zhù 注),鸟飞。这里连用四个比喻。一个是“要似昆仑崩绝壁”,这个比什么,没有点明,跟“凭”字一样,也是省略格,比革命。这个比喻,当引自柳宗元《河右平饶歌》:“昆仑以颓。”把“以颓”改成“崩绝壁”,更富有形象性,又符合词律的需要。“绝壁”指峭壁。对于革命,用这样一个比喻，好像力量还不够，还加上一个“恰像台风扫寰宇”。恰似台风扫荡大地，跟“要似昆仑崩绝壁”构成对偶格。用两个比喻来比革命风暴的猛烈，这又是复叠格。“重比翼，和云翥。”又是两个比喻。“比翼”本指比翼鸟，不过在“重比翼”里重新把翅膀配合起来，没有点明鸟。这是本于《尔雅·释地》：“南方有比翼鸟焉，不比不飞。”因此这里既是引用格，引用《尔雅》；又是省略格，重新像比翼鸟的比翼，省略“比翼鸟”；又是比喻，比夫妇的共同行动。“和云翥”，同在云里飞。这是用鸟的高飞来比参加革命，这是一个比喻，但比什么没有点明，是承接上文来的，在鸟的高飞里有含意，所以又是婉曲格。

这首词里运用各种艺术手法，比较突出的是比喻格。运用比喻，有的又和引用格结合。所引用的又有对引文的改造；这种改造，使引文更符合于表达用意，符合词的格律。这首词里运用的各种修辞手法，都很自然，符合内容的需要。就内容说，这首词是消解误会，讲参加革命更重要。通过参加革命来消解误会，也通过参加革命来割断愁丝恨缕，这种革命精神贯彻全词。一切修辞手法都是为表达这种革命精神服务，这才构成这首词的高度思想性和艺术性。

沁园春·长沙

独立寒秋，湘江北去，橘子洲头。看万山红遍，层林尽染；漫江碧透，百舸争流。鹰击长空，鱼翔浅底，万类霜天竞自由。怅寥廓，问苍茫大地，谁主沉浮？　　携来百侣曾游。忆往昔峥嵘岁月稠。恰同学少年，风华正茂；书生意气，挥斥方遒。指点江山，激扬文字，粪土当年万户侯。曾记否，到中流击水，浪遏飞舟？

1925年

这首词最早发表在《诗刊》1957年1月号。

这首词属于长调，也分为双调。作于1925年秋天。这年春节过后，毛泽东回乡养病，与杨开慧带了岸英、岸青回到韶山，住到8月，病已养好，来到长沙。漫步橘子洲头，作了这首词。

上片："独立寒秋，湘江北去，橘子洲头。"说"独立"，是说跟同志不在一起，是有怀念同志的意味。这个开头，跟下片的“携来百侣曾游”相呼应。词的上片和下片就这样联系起来了。上一首《贺新郎》上片开头“挥手从兹去”,讲分别。下片开头“今朝霜重东门路”,从长沙东门到火车站去乘车,也讲分别,也互相呼应。不过这里的呼应,从自己的独立,想到当年的百侣,是通过怀念所构成的联系,说明上下片的联系,也有各种不同的写法。这个开头,又点明时令和地点,时令是“寒秋”,秋天已经有寒意了,秋深了。地点在湘江中的橘子洲头。橘子洲,是长沙城西湘江中的一个狭长的小岛,西面靠近著名的风景区岳麓山。

从橘子洲头望出去,“看万山红遍,层林尽染;漫江碧透,百舸争流”。向西面望去,在深秋时,许多山上的枫树经过霜打,一层层的枫树林,都被染红了,看到万山都红了。向东面望去,整个湘江的水都是碧透的,说明湘江水的清澄,好像透明似的。《水经注·湘水》引《湘中记》:“湘川清照五六丈,下见底。”故称“碧透”。舸(gě 戈上声),大船。很多的船在湘水中航行,“争流”指顺流而行。再向上望,看到“鹰击长空”,鹰在长空中矫健飞腾,准备扑击。向下看,“鱼翔浅底”,鱼在水下游动,像飞一样,故称“翔”,极写鱼的活跃。“浅底”,极写水的清澈见底。水深五六丈,可以见底,好像有清浅的感觉。这几句写景物,山是红遍,水是碧透,色彩极为鲜丽。鹰在搏击,鱼在飞翔,动物极为活跃。这里有两个对偶句,“万山红遍”两句,与“漫江碧透”两句对偶,“鹰击长空”与“鱼翔浅底”

对偶。“鹰击”、“鱼翔”两句，是从《诗经·大雅·文王之什·旱麓》“鸢飞戾天，鱼跃于渊”化出来的，因此这里又是变化的引用格。朱熹《诗经集传》注“鸢飞”两句，称“怡然自得”，跟“万类霜天竞自由”相应。即从“鹰击”“鱼翔”中体会到一切生物在秋天里争着自由自在地活动着。于是诗人惆怅地对着广阔的天空发问道：这个苍茫大地的一切升沉得失究竟是谁主宰的呢？苍茫有旷远迷茫的意思，即指广阔的大地。在这里“寥廓”指天，“问”即问天，即“天问”。屈原有《天问》，这里当暗用“天问”意。这里的“问苍茫大地，谁主沉浮”，与上句的“万类霜天竞自由”，构成映衬格，即一切生物在秋天可以自由自在地活动，而人民却在三座大山压迫下过着苦难的生活，不能自由自在地活动，整个大地为什么由帝国主义、封建势力主宰一切呢？这个映衬格，映衬出这样的含义，即只有起来革命。所以这个映衬，又含有起来革命，使人民掌握自己的命运，主宰一切，才能得到自由自在的生活。所以这种含义，又成了婉曲格，具有深刻的思想性。

下片就唤起作者对年轻时的革命同志和革命活动的怀念。这样，从上片转入下片，不仅开头的“独立”与下片的“百侣”构成相反的照映，又由上片末了的唤起革命精神与下片开头的革命同志相应。这里的上下片，不仅有相反的照映，又有相承的呼应，说明上下片有这样两种不同的关联。

作者于1914年到1918年，在湖南第一师范读书，常常和同学少年在橘子洲一带游览或游泳,所以说“携来百侣曾游”。“忆往昔峥嵘岁月稠”,作者回忆从前过的富有意义的不平常的生活。“峥嵘”,本指山的高峻,具有不平常的意思。这里又指不平常的斗争生活。“稠”,本指稠密,这里含有丰富的意思。作者在1917年发起组织新民学会,1918年4月14日正式成立,当时入会的有蔡和森、何叔衡、陈昌、张昆弟、罗学瓒诸同志。会上通过了一个由毛泽东、邹鼎丞起草的章程,以“革新学术,砥砺品行,改良人心风俗”为宗旨。新民学会成立这天是星期天,会员聚集在岳麓山刘家台子蔡和森家开会。这年6月,毛泽东在湖南第一师范毕业,和少数同学寄住在岳麓书院半学斋。他们上山拾柴、挑水,过着自食其力的刻苦生活。爱晚亭、岳麓宫、橘子洲,都是他们常去的地方。他们议论国家的前途,改造中国的根本方法(以上见《毛泽东诗词鉴赏》中李捷、闻郁《毛泽东诗词五十首写作背景介绍》,以下简称《背景介绍》)。

作者在1913年到1919年这段时期里,和他的同学少年进行了各种反对军阀的斗争。当时这些同学少年“风华正茂”,正富有风采才华,“茂”指富有的意思。“书生意气,挥斥方遒。”“书生”指他们都是湖南第一师范学生。“挥斥”指奔放。“遒”指劲。他们意气奔放,劲头正足。“指点江山,激扬文字,粪土当年万户侯。”他们评论国事,写出激浊扬清的文章,即批评坏的、表扬好的文章,把当时反动的军阀看得像粪土一样。像1915年9月,袁世凯准备窃国称帝，湖南军阀汤芗铭积极拥戴袁世凯，禁止反袁，作者印发反对袁世凯称帝的小册子，人心大为振奋。再像1919年底湖南展开赶走军阀张敬尧运动，作者是这个运动的组织者和领导者之一，这些事实都可以用来作为印证。

最后，作者提出可以表现同学豪情壮概的一件事，就是作者和同学少年到湘江中去游泳，在中流击水，激起的浪花，可以阻遏像飞一般航行的船。“曾记否，到中流击水，浪遏飞舟？”从“飞舟”联系到“百舸争流”，那百舸是顺流而下，夸张作飞。作者与同学少年在中流击水，那当是逆流而上的游泳，击水的浪花阻遏飞舟，写出他们在逆水中游泳的豪迈气概。作者自注：“〔击水〕游泳。那时初学，盛夏水涨，几死者数。一群人终于坚持，直到隆冬，犹在江中。当时有一篇诗，都忘记了，只记得两句：‘自信人生二百年，会当水击三千里。’”这两句诗，作者写那豪情壮概，以大鹏自比。《庄子·逍遥游》写大鹏的起飞，“鹏之徙于南溟也，水击三千里”。大鹏起飞到南海去，像飞机起飞那样，先在跑道上跑一段路才能起飞，大鹏要在水面上击水三千里才能起飞，作者把游泳的击水，比作大鹏的水击三千里，自然能够“浪遏飞舟”了。那么在“浪遏飞舟”的“击水”里，直接继承“水击三千里”，即属引用格，引用《庄子·逍遥游》了。

这首词上片描写景物，下片回忆往事，描写祖国河山是壮丽的。但壮丽的湘江与万山，并不引起诗人的赞赏，引起诗人的“怅寥廓”，引起诗人像屈原那样的《天问》，提出“谁主沉浮”来，这正如王夫之在《姜斋诗话》里说的：“以乐景写哀，以哀景写乐，则倍增其哀乐。”以乐景写乐，停留在乐景上，没有透过乐景，注意到人民的生活上，所以写得浅。以乐景写哀，不停留在乐景上，透过乐景，注意到人民的苦难，所以写得深。上片不停留在写美丽的景物上，不停留在“万类霜天竞自由”上，而提出“大地”的“谁主沉浮”来，就看得深。

这就引出下片的回忆往事，想到同学少年的革命活动来了。

下片的回忆往事，在格律上也像上片的运用了两个对偶格，即“同学少年”与“书生意气”相对，“指点江山”与“激扬文字”相对，这两个对偶格加强了“粪土当年万户侯”。但这个“粪土当年万户侯”，并没有解决“谁主沉浮”问题，人民还被压在三座大山下，不能当家做主人。这就归结到革命上来。同学少年能不能担负革命的重任呢？这就举出“中流击水”这一件事来。从引用“水击三千里”看，那么同学少年的开始革命活动，正像大鹏起飞前的水击三千里，这虽然是起飞前的活动，但它的声势已经不可阻拦，所以能“浪遏飞舟”。到它起飞以后，“抟扶摇而上者九万里”，凭着旋风飞上九万里高空。那么这个引用“水击三千里”，不正暗示将来的极大发展，发展到由人民来主宰大地吗？在这里，不正是这首词的高度思想性与艺术性的结合吗？

菩萨蛮·黄鹤楼

茫茫九派流中国，沉沉一线穿南北。烟雨莽苍苍，龟蛇锁大江。　　黄鹤知何去？剩有游人处。把酒酹滔滔，心潮逐浪高！

1927年春

这首词最早发表在《诗刊》1957年1月号。

黄鹤楼，旧址在湖北省武汉市区西长江岸边蛇山的黄鹤矶上，传说始建于三国吴黄武二年（223），历代屡毁屡建。清同治七年（1868）重建后，毁于光绪十年（1884），到1927年时尚未重建。"黄鹤楼"这个名字的来历，据古代传说，有仙人子安曾乘黄鹤过此，故名（见《南齐书·州郡志》下）。一说蜀费祎（yī衣）登仙，尝驾黄鹤息此（见《太平寰宇记》一一二《武昌府》）。历代诗人题咏黄鹤楼的诗，以唐崔颢的《黄鹤楼》最为著名："昔人已乘黄鹤去，此地空余黄鹤楼。黄鹤一去不复返，白云千载空悠悠。晴川历历汉阳树，芳草萋萋鹦鹉洲。日暮乡关何处是？

烟波江上使人愁。”

这首词作于1927年春天。当时,以蒋介石为首的反动派正在篡夺北伐战争的胜利果实,革命危机四伏。陈独秀右倾机会主义者仍在一味妥协退让,对工农运动严加限制。同年3月10日至17日,国民党二届三中全会在汉口举行,共产党人和国民党左派联合,通过了限制蒋介石个人独裁的一系列决议。但在陈独秀右倾投降主义影响下,会议继续让蒋介石担任国民革命军总司令,使他名正言顺地调集嫡系部队在沪宁一带,策划“四一二”反革命政变。毛泽东同陈独秀的右倾错误做了斗争,在大革命失败前夕,他站在黄鹤楼的遗址附近,举目远眺,触景生情,不禁为革命的前途焦虑万分,写了这首词。

登上黄鹤楼写诗的,最著名的是唐崔颢。《唐才子传》说,李白登上此楼说:“眼前有景道不得,崔颢题诗在上头。”大诗人李白看到崔颢的诗就不写了,认为登上黄鹤楼,从楼上望出去,眼前是有风景的,但不能说,因为崔颢的诗已经讲了,不好再写了。崔颢的诗写了什么呢?先是怀古,“昔人已乘黄鹤去”四句怀古。次是写景:“晴川历历汉阳树,芳草萋萋鹦鹉洲。”登楼西望,看到汉阳那边分明的树木,向西南望去,长江中有芳草萋萋的鹦鹉洲。眼前的风景说了,最后写出思乡之情。不论怀古、写景、抒情都写了。又前四句用辘轳体,得李白欣赏。因此不写了。这是大诗人李白的想法。

毛泽东同志当时对黄鹤楼的想法就不同了。就“眼前有景”说，崔颢只写了“汉阳树”、“鹦鹉洲”，所见者小。应该面对长江，写更为阔大的境界。崔颢怀古，只是望着白云想念仙人。崔颢抒情，只抒思乡之情。作者却有着为革命前途担忧的伟大情怀。于是就写出了这一首，胸襟扩大，忧深思远，抒发了革命的心情。

上片写眼前景物：“茫茫九派流中国，沉沉一线穿南北。”作者的视线不停留在汉阳树、鹦鹉洲上，看到更为广阔的景象，看到长江在武汉市一带水势广大称为九派。“茫茫”，状长江水势的广大，茫茫一片。“九派”，指长江在这一带有许多河流的汇合。像鲍照《登黄鹤矶》：“九派引沧流。”像王维《汉江临眺》：“楚塞三湘接，荆门九派通。江流天地外，山色有无中。”这是说，在荆门山一带，有九条支流互相流通，汇合为长江，水势广大，好像流到天地以外去，也讲长江水势的广大。这首词写“茫茫九派流中国”。“流中国”，即流贯国中，这是从西向东望。这一句概括了古来写九派的水势，还加上“流中国”的说法。作者还从北向南望，写出“沉沉一线穿南北”，“沉沉”指深沉，有负重致远的意思。“一线”指南北的铁路线。这样写，既概括了古人称美的九派，又加入了当代建设的铁路，融贯古今，所写的景物，显出境界的开阔。

开头两句，是登高望远，从西望到东，从北望到南，向四面望去。下面两句：“烟雨莽苍苍，龟蛇锁大江。”一句是望远景，一句是望近景。向远处望去，烟雨迷茫，“莽苍苍”正写出迷茫的景象。上引王维的“山色有无中”，看远处的山色若有若无,看不分明,跟烟雨迷茫相似。近处望,看到汉阳的龟山,武昌的蛇山,隔江相望,用一“锁”字,正好写出了那里江面较狭。它跟“茫茫九派”的浩渺无边,更具有对照作用。这样,四句合起来就构成一个广阔雄浑深沉有力的境界。这个境界正好反映出诗人阔大的胸襟,豪迈的气度。

下片是怀古抒情。“黄鹤知何去?剩有游人处。”黄鹤不知到哪儿去了,只剩下这座黄鹤楼,作为游人游览的胜地。这是即景生情,并无企慕仙人的意思。下面是抒革命之情。“把酒酹滔滔,心潮逐浪高。”把酒浇在滔滔的江水里,内心激动的思潮恰似长江中翻腾起伏的波涛那样高。“酹”(lèi 泪),古代用酒浇在地上表祭奠。这里的“酹滔滔”,把酒浇在江水里,表示对反动势力斗争到底的决心。值此大革命失败的前夕,心情非常激动,好像追逐着江中汹涌的浪涛。

这首词,开头两句是对偶格,“九派”本于鲍照等诗,为引用格。“中国”即“国中”,为倒装格。下面的“龟蛇”指龟山蛇山,为省略格。上片四句描写景物为摹状格。这样描写景物,没有透露作者的感情,没有把作者为革命而深深担忧的感情透露出来。写“茫茫九派”,长江本身就是茫茫的,“沉沉一线”,铁路本身就是负重致远的,只是写出事物本身所具有的情状。这与《沁园春·长沙》的写法不同。《沁园春·长沙》从“鹰击”“鱼翔”里,看到“万类霜天竞自由”,就提出“苍茫大地,谁主沉浮”,就想到人民的苦难,联系革命。抒写景物,本可以有两种写法:一种结合作者的感情来写,一种不结合作者的感情来写。如杜甫《登楼》:“花近高楼伤客心,万方多难此登临。”是结合作者的感情来写。如杜甫《登高》:“风急天高猿啸哀,渚清沙白鸟飞回。无边落木萧萧下,不尽长江滚滚来。”是不结合作者的感情来写。前一种是触景伤情,情景结合。后一种是范仲淹《岳阳楼记》里说的:“不以物喜,不以己悲。”看到景物时,不因景物的可喜而喜,不因景物的可悲而悲,因他心中另有悲喜,不把心中的悲喜加在所写的景物上。这首词的上片就是这样。作者的心情完全放在革命上,并不把这种忧危的心情加到景物上去,所以上片看到景物的阔大,就写出阔大的景物来。

下片写到黄鹤楼,从楼名想到黄鹤,就提出:“黄鹤知何去?”结合眼前说,黄鹤楼只剩下一个为游人游览的处所。诗人面对长江,可能想到苏轼的《念奴娇·赤壁怀古》“一樽还酹江月”,因此“把酒酹滔滔”了。苏轼的“酹江月”,是“故国神游,多情应笑我,早生华发”。他是赤壁怀古,怀念三国时代赤壁之战的风流人物,所以是神游故国。他在《前赤壁赋》里说“少焉月出于东山之上”,是月亮照着他,所以“多情应笑我,早生华发”,指月亮的多情,因此“一樽还酹江月”,用杯酒来酬谢多情的江上明月,也是江中倒映的明月。诗人的“把酒酹滔滔”,是把酒浇在江水里。为什么把酒浇在江水里?《左传·僖公二十四年》,晋公子重耳要渡过黄河回到晋国去做国君,子犯请求离去,“公子曰:‘所不与舅氏同心者,有如白水。’”子犯是公子重耳的舅舅,公子重耳对黄河发誓说,一定与舅氏同心,对河水发誓,好比对天发誓。这里的“酹滔滔”,即把酒浇在江水里,对江水发誓,表示誓与反动势力斗争到底的决心。在这里,“把酒酹滔滔”,“滔滔”代指江水,是借代格。“酹”从“一樽还酹江月”里来,是引用格;它的用意,从“有如白水”里来,是誓辞,是婉曲格。用“逐浪高”来比“心潮”,是比喻格。一连用了四种修辞手法,既显示艺术技巧的丰富多彩,又表示为革命坚决斗争的决心,具有丰富的艺术性和高度的思想性。

对“心潮”,作者自批:“一九二七年,大革命失败的前夕,心情苍凉,一时不知如何是好,这是那年的春季。夏季,八月七号,党的紧急会议,决定武装反击,从此找到了出路。”这个批语指出作者作这首词时,已看到“大革命失败”,所以“心潮逐浪高”。作者当时决心与反革命斗争到底,是与后来党的紧急会议决定武装斗争一致的。

西江月·井冈山

山下旌旗在望，山头鼓角相闻。敌军围困万千重，我自岿然不动。　　早已森严壁垒，更加众志成城。黄洋界上炮声隆，报道敌军宵遁。

1928 年秋

这首词最早发表在《诗刊》1957 年 1 月号。

井冈山，位于江西、湖南两省边界的罗霄山脉中段，在江西省宁冈、遂川、永新和湖南省酃（líng 灵）县四县交界的众山丛中，周围有五百多里。山上有五条出入的小路，称为五大哨口：南面的朱砂冲，东面的桐木岭，西面的双人石，北面的八面山，西北面的黄洋界（亦作汪洋界）。这五个哨口，是在悬崖峭壁间开凿出来的小路。对黄洋界，有人描写那里的形势道："山连山来岭连岭，汪洋界来是高峰。高峰顶上设哨口，好比把守摩天岭。"

1927 年，毛泽东同志领导湖南省平江、浏阳一带的农民军，会合以前武昌警卫团和萍乡煤矿工人，举行秋收起义。10月里，毛泽东同志领导起义部队到达井冈山，建立革命根据地。1928年4月，朱德、陈毅同志率领南昌起义保存下来的部队和湘南农民军，转移到井冈山革命根据地，同毛泽东同志领导的部队胜利会师，合编为工农革命军第四军，又根据党中央指示改称工农红军第四军。第四军的番号是沿用北伐战争中声威昭著的国民革命军第四军的番号，该军所部独立团，由叶挺同志率领，团中共产党员很多，政治素质优异，战绩辉煌，纪律严明，所到之处，坚决支持工农群众的革命斗争，备受人民爱护。

1928年7月初，湘赣两省敌人对井冈山发起第一次“会剿”，前锋逼近江西省永新。为了调动敌人回去援救，朱德、陈毅率领红四军28团、29团抄敌后路，向湖南省酃县、茶陵进军，毛泽东率领第31团在永新地区袭扰正面之敌。正当进攻永新之敌撤回去救援茶陵之际，湖南省委代表杜修经指挥部队进击湖南。7月24日，部队在湘南遭受挫折。毛泽东当即率领31团3营迎接主力，留31团1营和32团坚守井冈山。湘赣两省敌人乘机向井冈山根据地发动第二次“会剿”。8月30日上午，湘敌一个师向井冈山黄洋界发起猛攻。我31团1营，凭借黄洋界的险要地形，打退敌人多次进攻。下午4时许，敌人再次组织进攻，我军以仅有的一门迫击炮打中敌群。敌人以为红军主力已经回山，无心恋战，当夜撤回酃县。8月23日，毛泽东同朱德、陈毅在桂东会合。9月上旬，红四军主力回到井冈山南麓的黄坳。毛泽东得知黄洋界保卫战取得全胜，十分兴奋，写下了这首词（见《背景介绍》）。

上片：“山下旌旗在望，山头鼓角相闻。”是指山下的部分红军和井冈山一带的赤卫队、暴动队等地方武装。这里用“旌旗”是为了加强词的鲜明形象。作者说，其实没有飘扬的旗帜，都是卷起的。这是修辞学上的示现格，是作者为了加强形象而设想的。“鼓角”，战鼓和号角，古代军队用鼓角发号施令，指挥队伍行动。这里指我守军的军号等声音。“敌军围困万千重，我自岿然不动。”“岿（kuī 亏）然”，形容高踞屹立。当时敌人进攻黄洋界，有一个师，只能正面进攻，不能包围。这里这样写，为显示红军的英雄无敌。夸张敌人的强大，来衬托红军如山的岿然不动，这是映衬格。用“岿然”省略了“如山”两字，这是省略格。把红军比作岿然如山不动，这是比喻格。在这个比喻里，使人想到南宋时，金人称“撼山易，撼岳家军难”，这就是“我自岿然不动”，这里有暗示的引用格。

下片：“早已森严壁垒，更加众志成城。”红军早已加固防御工事。红军得到敌人进攻黄洋界的情报，在 8 月 28 日星夜兼程赶到黄洋界，加固原有工事，挖好掩体。红军大众一心，坚如城堡。《国语 · 周语》下：“故谚曰：众心成城。”这里作“众志”是词律要用仄声而改。这是引用格而稍加变化，极写红军的团结一致。

清平乐·蒋桂战争

风云突变，军阀重开战。洒向人间都是怨，一枕黄粱再现。　　红旗跃过汀江，直下龙岩上杭。收拾金瓯一片，分田分地真忙。

1929 年秋

这首词最早发表在《人民文学》1962 年 5 月号。

“蒋桂战争”，指 1929 年发生于国民党蒋介石和广西（简称“桂”）军阀李宗仁、白崇禧之间的战争。毛泽东同志 1928 年 10 月在《中国的红色政权为什么能够存在?》一文中曾经指出：“国民党新军阀蒋桂冯阎四派，在北京天津没有打下以前，有一个对张作霖的临时的团结。北京天津打下以后，这个团结立即解散，变为四派内部激烈斗争的局面，蒋桂两派且在酝酿战争中。”1929 年 3 月至 4 月，蒋桂两派果然爆发了战争，同年秋又发生了蒋冯（玉祥）战争，所以词中称为“风云突变”。1929 年的军阀战争给红军的发展造成了一个有利条件。1929 年 3 月，红四军由江西进入福建西部，占领长汀，5 月至 6 月三次占领长汀东南的龙岩，9 月占领长汀以南龙岩以西的上杭。这首词作于红军攻占上杭之后，当时闽西新革命根据地正在开展“分田分地”的土地革命。

上片：“风云突变，军阀重开战。”说明当时的形势是比较复杂的。当时有蒋桂冯阎张五派，五派之间，有时联合，有时战争，怎么用两句话来说明呢？作者抓住本质，这五派都是军阀，用了军阀这个词，五派都包括进去了。这五派之间因利害关系，有时联合，有时战争，“风云突变”，就指这种变化，“风云”正指战争。这个突变的风云，原来是军阀之间重新开战。在这里是指蒋桂的战争。这种战争是军阀之间的战争，所以“洒向人间都是怨，一枕黄粱再现”，它只能给人民带来苦难，好比是一场暴雨，洒向人间给人民带来怨恨。就“蒋桂战争”说，都是军阀战争，就两派所处的地位说来，蒋是国民党政府的代表，桂是割据地方的军阀。就蒋说，要实现武力统一的迷梦，不过是一场黄粱梦罢了，所以是“一枕黄粱再现”。唐朝沈既济小说《枕中记》说，卢生在邯郸客店里向道士吕翁诉说自己穷困不得志，当时店主正在蒸黄粱（黄小米）做饭；吕翁给卢生一个瓷枕，教他枕了睡，卢生枕后在梦里果然享尽荣华富贵，醒来黄粱还没有蒸熟。

用“风云”来指战争，是借代格。称蒋桂为“军阀”，是揭露事物的本质。用一个“洒”字，把这次战争比作暴雨，是比喻格，但不点明暴雨，只用一个“洒”字，又是省略格。

说“洒向人间都是怨”，没有点明是人民的怨，这又是省略格。引用了“一枕黄粱”故事是引用格。这个“一枕黄粱”，比喻蒋的武力统一如“一枕黄粱”，是比喻格，这个比喻没有点明是指蒋的武力统一，又是省略格。从“洒向人间都是怨”里，含有有利于发动人民起来革命的用意，这个含义直接转向下片的写人民革命的胜利发展。就这个含义说，又是婉曲格。

下片承接上片，从上片的“军阀重开战”，给人民革命以发展的机会，“红旗跃过汀江，直下龙岩上杭”。在这年的3月中旬，毛泽东同志趁蒋桂战争的时机，红四军由江西进入福建西部，占领长汀。3月20日，毛泽东在长汀召开前委扩大会议，决定在赣南闽西开展游击战争，进行土地革命，创建了赣南苏区。到五六月间，红四军攻克龙岩。9月21日，红四军攻占上杭，实行土地革命，建立闽西苏区。“红旗跃过汀江”，汀江源出福建西部长汀，南流经过武平、上杭、永定，入广东省境。“跃过汀江”，指红四军进入闽西。“直下龙岩上杭”，指开辟闽西苏区。

“收拾金瓯一片，分田分地真忙。”“金瓯（ōu 欧）”，金属杯盆一类的容器。《南史·朱异传》引梁武帝说：“我国家犹若金瓯，无一伤缺。”这是说，祖国在军阀的割据下，四分五裂，像把金瓯打成多少片。红四军在闽西建立革命根据地，像收拾了其中的一片。进行了土地革命，农民正忙于分田分地。在这个下片里，用“红旗”来指红四军，是借代格。写“红旗跃过汀江”，是摹状格。引用“金瓯”

的典故是引用格。用“金瓯一片”来指闽西革命根据地，是比喻格。用“分田分地”来指土地革命是具体的写法。这首词通过上片的写军阀混战，结合下片的写革命的开展，具体地说明“中国的红色政权为什么能够存在”的大问题，具有深刻的思想性。

采桑子·重阳

人生易老天难老，岁岁重阳。今又重阳，战地黄花分外香。　　一年一度秋风劲，不似春光。胜似春光，寥廓江天万里霜。

1929年10月

这首词最早发表在《人民文学》1962年5月号。

"重阳"，阴历九月初九日，古人以九为阳数，故称九月初九为重阳节，是1929年阳历10月11日。这年五六月间，红四军攻占龙岩。蒋介石组织赣闽粤三省兵力"会剿"红军，红四军主力配合闽西特委组织游击战争，9月21日，红四军攻占上杭，使敌人对闽西苏区的"会剿"被击败。到了10月，毛泽东在上杭吟成《采桑子·重阳》。毛泽东写这首词时，已经离开红四军领导岗位，在闽西养病，兼做地方工作。这是因为在建军原则以及建立根据地等重大问题上，红四军内部的认识一时难以统一。部队向赣南、闽西挺进时，这些问题便充分暴露出来。毛泽东在龙岩召开红四军第七次党代表大会，想解决这些问题。但在会上，发生严重的意见分歧，表决结果，毛泽东未能当选为前委书记。他离开红四军领导岗位后，深入上杭、永定的农村基层，一面养病，一面领导地方的土地革命斗争。这年 10 月 11 日重阳节，毛泽东来到上杭县。这时闽西山区黄色的野菊花竞放，毛泽东面对竞放的野菊花吟成了这首词(见《背景介绍》)。

上片"人生易老天难老"，这句从李贺《金铜仙人辞汉歌》的"天若有情天亦老"句转变过来，引出天是无情天难老的意思。毛泽东在 1949 年 4 月里作的《人民解放军占领南京》里，引了李贺这句话："天若有情天亦老，人间正道是沧桑。"没有提到"人生易老"，为什么在二十年前的 1929 年提到"人生易老"呢？原来毛泽东在领导 1949 年的革命时，一切都很顺利，没有"人生易老"的感觉。在 1929 年领导革命，即在龙岩召开的红四军第七次党代表大会上，他的意见不被多数同志所接受，他未能当选为前委书记，离开了红四军的领导岗位，因而感到要把红四军领导到革命路线上来，是非常紧迫的任务。要说服同志接受自己的正确意见，进行思想改造，才能开展革命，因而产生"人生易老"的感觉，觉得这个革命工作的紧迫感。同年 12 月，毛泽东说服了不同意见的同志，红四军第九次党的代表大会作出决议《关于纠正党内的错误思想》，对"单纯军事观点"、"极端民主化"等观点进行了批判，指出"单纯军事观点"表现为：①认为军事政治二者是对立的;②以为红军的任务只是单纯地打仗;③把政治工作机关隶属于军事工作机关;④忽视宣传队的重要性等等。这些错误思想不纠正,会影响革命。作者作本诗时虽已离开了红四军的领导岗位,产生了“人生易老”的感觉,但他的革命精神还是昂扬的,所以说:“岁岁重阳。今又重阳,战地黄花分外香。”年年有个重阳节,今天又是重阳节,看到上杭县野外的黄花竞开,感到战地黄花分外香。重阳是赏菊花的节日,所以欣赏野外的黄菊花。上杭是红四军战胜攻取的地方,在这句里既有重阳赏菊的情趣,更有庆贺胜利的意味。这充分说明毛泽东虽然离开了红四军的领导岗位,对革命胜利的感情还是很热烈的。

下片:“一年一度秋风劲,不似春光。胜似春光,寥廓江天万里霜。”下片联系上片,上片写“战地黄花分外香”,联系重阳节赏菊,联系“战地”的革命胜利。所以说秋光不似春光,胜似春光。这里使人想起刘禹锡的《秋词》:“自古逢秋悲寂寥,我言秋日胜春朝。”这就是“不似春光。胜似春光”了。《秋词》又说“山明水净夜来霜”,山怎样明?黄庭坚《登快阁》说“木落千山天远大”,秋天叶落以后山明天远大,就感“寥廓江天万里霜”,写出秋天开阔的景象。

这首词,上片暗用“天若有情天亦老”而加以变化,说成“天难老”,这是变化的引用格,配上“人生易老”作映衬,衬出要加紧从事革命的意义。叠用“重阳”是复叠格。在这个复叠里,含有“今又重阳”,与从前的重阳不同,不同在“战地”赏菊的庆祝胜利，含有进一步的层递格。下片的“不似春光。胜似春光”，也是复叠格及层递格。这个“胜似春光”，又含有引用《秋词》的引用格。“寥廓江天万里霜”是摹状格。这首词写于毛泽东离开红四军的领导岗位后，但仍然表现出了作者强烈的革命激情，一反悲秋的调子，赞美大好秋光，有极为开阔的境界，具有崇高的革命精神，是很难能可贵的。

如梦令·元旦

宁化、清流、归化，路隘林深苔滑。今日向何方，直指武夷山下。山下山下，风展红旗如画。

1930 年 1 月

这首词最早发表在《诗刊》1957 年 1 月号。

“元旦”，阴历正月初一日，为阳历 1 月 30 日。在 1929 年 10 月，党中央“九月来信”，指示红四军前委要维护朱德、毛泽东的领导，毛泽东“应仍为前委书记”。11 月 26 日，毛泽东回到部队。12 月底，在上杭古田召开红四军第九次党代表大会，通过“古田会议决议”，毛泽东当选为前委书记，重新回到红四军领导岗位。1930 年 1 月初，蒋介石组织了赣闽粤三省敌军，调动 14 个团，第二次“会剿”闽西苏区，前锋抵达离古田只有三十里的小池。红四军在 1930 年 1 月上旬向敌后转移，朱德率领红四军第一、三、四纵队先出发，挺进江西。毛泽东率领第二纵队掩护主力转移后，向北经连城、清流、归化（现改明溪）、宁化等县，西越武夷山，去江西和红四军主力会合，使敌人的三省“会剿”宣告破产。

这首词是小令，不分片。开头：“宁化、清流、归化，路隘林深苔滑。”毛泽东同志领导的红四军第二纵队是经过清流、归化、宁化等县进入武夷山的。这里不按照经过县名的先后次序写，即不先写“清流”，把“宁化”提前，当是适应词的格律的需要，因为这句要仄起，“清流”是平起，“宁化”是仄起，故把后经过的“宁化”先提，不按先后顺序提。这里把三个县名并列，读时中间要作小顿，“路隘林深苔滑”，用三个主谓结构的短语，读时中间也要作小顿。这样的音节，显得急促，正确地掌握了形式为内容服务的原则。在闽西这三个县里行军，那里是山岭重叠，地形险阻，在深林里行军，走的是山间的小路，又是很少人行走的路，所以称“路隘林深苔滑”，写出这次行军的特点。当时形势紧迫，要抛掉敌人，取得战略转移的胜利，就得隐蔽地急行军，所以采取这样音节急促的句子。

“今日向何方，直指武夷山下。”这里用了设问句，这个设问句，正表示形势的转变，已经把敌人抛开，取得战略转移的胜利，不再紧迫了。武夷山，在福建西部，与江西接近。“直指”，笔直指向武夷山，就可进入江西，与红四军主力会师了。这里表达出愉快的心情。“山下山下，风展红旗如画。”说“直指”在于指向进军的方向，还没有到武夷山下。说“山下山下”，才是到达武夷山下了。重复说“山下”，当表示武夷山的范围很广，也表达了红军向那里进军的欢欣鼓舞的心情，正配上红旗迎风招展的壮丽景色，这与在“路隘林深苔滑”中进军构成对照，写出了革命精神的昂扬。

这首词，连用三个地名，这三个地名的连用，又与三个主谓结构的短语结合，说明在三个县里是怎样行军的，这就使三个地名的连用显得很自然了。这样连用三个地名的写法是比较突出的。李白的《峨眉山月歌》：“峨眉山月半轮秋，影入平羌江水流。夜发清溪向三峡，思君不见下渝州。”王琦注李白诗，引王麟洲说：“太白《峨眉山月歌》，四句入地名者五，古今目为绝唱。”这首诗在四句中用五个地名称为绝唱，这五个地名分散在四句里，并不连用。这里在一句中连用三个地名，用得贴切自然，符合词调，显得尤为难得了。“今日向何方”，不属于有人发问，是修辞学上的设问格，是为了提醒下文而设问的。“山下山下”是复叠格。“风展红旗如画”是摹状格。

减字木兰花·广昌路上

漫天皆白，雪里行军情更迫。头上高山，风卷红旗过大关。　　此行何去？赣江风雪迷漫处。命令昨颁，十万工农下吉安。

1930年2月

这首词最早发表在《人民文学》1962年5月号。

1930年2月，进入江西的红四军会合后，红四军前委为了促进赣西南革命形势的发展，2月6日至9日，在吉安陂头召开红四军前委、赣西特委、红五军和红六军军委的联席会议。会议确定党和红军当前的主要任务是深入开展土地革命、建立革命政权和发展工农武装。在军事行动上，会议根据赣西地区的敌情，决定集中兵力攻打吉安。

会后，红四军在广昌路上向吉水推进。广昌，在江西省东部。这时，正逢大雪，红四军迎风雪，翻山越岭，向赣江流域的吉水方面进军，进迫吉安。这首词是在广昌的进军路上写的。

上片:“漫天皆白,雪里行军情更迫。”首句描写下大雪,次句才点明是雪。“情更迫”原作“无翠柏”,也是写大雪,“翠柏”的翠色被雪盖罩了。两句都写景,改成“情更迫”,写出红四军急于进军的心情,因为急于进军,所以冒着漫天大雪前进。“头上高山,风卷红旗过大关。”这次行军要在山中前进,头上是高山,还要经过大关,说明行军的艰苦。因是冒着大风雪前进,所以是“风卷红旗”,大风翻卷红旗。

下片:“此行何去?赣江风雪迷漫处。”这两句跟《元旦》的“今日向何方,直指武夷山下”,相似而不同。“此行何去?”也是设问句,通过设问,点明要到赣江那边去。好比《元旦》的设问,指出向武夷山进军,这是相同的。但《元旦》的设问,是在抛开了敌人,取得战略转移的胜利,向武夷山的名胜区进军,充满着胜利喜悦的心情。这里的设问,要到“赣江风雪迷漫处”,这不是取得胜利后的进军,是在进军中去夺取胜利。但向赣江一带进军,又是风雪迷漫,看不清楚,所以上面提到了“情更迫”。这是两者不同处。从情更迫里,可能还含有其他考虑。在建立闽西革命根据地时,曾经碰到蒋介石发动的两次三省“会剿”。那么这次向赣江流域进军,会不会再碰到蒋介石军队的来攻呢?所以只有赶紧进军,在蒋介石的军队来到前,才可以取得胜利。“命令昨颁,十万工农下吉安。”进军的命令昨天发布,今天就有十万红军要去攻打吉安。

写出红军的极大声势。赣江由章水、贡水流到赣州，汇合而成，北流经过吉安、南昌注入鄱阳湖。因此向赣江一带进军就威胁到江西的重要城市吉安和省会南昌了。

这首词，如写“头上高山”，高山在头上，有在山中行军的含义。“风卷红旗过大关”，“过大关”，有突破大关的战斗的含义。从含义说，不加点明，属于婉曲格。“风卷红旗过大关”，景色鲜明，属于摹状格。“此行何去”属于设问格。“赣江风雪迷漫处”，描写赣江上的景色，也属于摹状格。用“迷漫”指看不分明，这里既状风雪，也另有含义，当指向吉安进军的前途看不明白，属于婉曲格。“十万工农下吉安”，气势旺盛，具有夸张格。

蝶恋花·从汀州向长沙

六月天兵征腐恶，万丈长缨要把鲲鹏缚。赣水那边红一角，偏师借重黄公略。　　百万工农齐踊跃，席卷江西直捣湘和鄂。国际悲歌歌一曲，狂飙为我从天落。

1930 年 7 月

这首词最早发表在《人民文学》1962 年 5 月号。

1930 年 6 月，红四军与红六军、红十二军合编为红一军团（开始称第一路军），朱德任总指挥，毛泽东为政治委员。这时，中共中央政治局在李立三同志主持下，通过《新的革命高潮与一省或几省的首先胜利》决议案。决议要求红军向着主要城市与交通道路发展，最后会师武汉，饮马长江。命令红一军团夺取南昌、九江。7 月下旬，部队行至樟树镇（今清江县城），毛泽东与朱德认真分析局势，认为攻击南昌于我不利，便于 8 月 1 日派小部队攻击牛行车站，隔江向南昌鸣枪示威，纪念南昌起义三周年，主力至安义、奉新休整。接着向湖南进军，在浏阳东北永和市与彭德怀率领的红三军团会合，组成红一方面军，朱德任总司令，毛泽东任总政治委员。8 月 29 日，红一方面军进抵长沙近郊。9 月初，红一方面军进攻长沙未克。守敌强而有备，我军不宜攻坚。由于蒋、冯、阎（锡山）正在河南等地混战，数月之内，江西、湖南一带，除长沙、南昌等大中城市外，都无强敌。因此，毛泽东说服红一方面军的干部，改变当时走“立三路线”的中央指示，放弃攻夺湘赣省会的冒险计划，分兵攻取茶陵、攸县、醴陵、萍乡、吉安、峡江、新喻（现改新余）等地，占领了大片地区，扩大了部队，为粉碎敌人的第一次“围剿”准备了条件。这首词写的是红军六七月间进军中的豪迈心情。

上片：“六月天兵征腐恶，万丈长缨要把鲲鹏缚。”“天兵”指红军，称红军为天兵，当本于《易·革卦》：“汤武革命，顺乎天而应乎人。”即红军是革命军。“腐恶”，腐朽凶恶，指国民党反动派的军队。“长缨”，长带子。《汉书·终军传》：“愿受长缨，必羁南越王而致之阙下。”“鲲鹏”，《庄子·逍遥游》：“北冥（海）有鱼，其名为鲲，鲲之大不知其几千里也。化而为鸟，其名为鹏，鹏之背不知其几千里也。”这是庄子的寓言。通常是褒义词，这里作贬义词用，等于巨大的恶魔。因为巨大，所以要用万丈长缨来缚。

“赣水那边红一角，偏师借重黄公略”。赣水那边，指赣西南赣江流域，黄公略同志率领的红六军（1930 年 7 月改称红三军)所建立的根据地。红六军是赣西南的主力红军,1930 年 6 月同红四军、红十二军组建为红一军团。当红一军团的主力红四军和红十二军由福建汀州向江西进军时,红六军尚在赣西南赣江流域,所以下文称为偏师。黄公略(1898—1931),湖南湘乡人。1927 年参加中国共产党。1930 年任红三军军长。1931 年 9 月,在江西吉安的东固地区行军中,遭敌机扫射牺牲。

下片:“百万工农齐踊跃,席卷江西直捣湘和鄂。”这首词是 1930 年 7 月作的,当时红一军团按照党中央指示,准备进攻南昌,还拟和红三军团会合,进攻长沙,所以称红军为“百万工农”,要席卷江西攻取南昌,再直捣湘省攻取长沙,再攻鄂,夺取武昌。“国际悲歌歌一曲,狂飙为我从天落。”百万红军在踊跃欢呼声中,唱起悲壮的《国际歌》,好像台风为了人民革命而从天落下,这就是《贺新郎》里说的:“又恰像台风扫寰宇。”

“天兵”,本是封建统治者称自己的军队,如《新唐书·张嘉贞传》有“天兵军”、“天兵使”。这里指红军为“天兵”,为倒反格,即反用其意。“腐恶”,即腐臭恶毒,借来指反动派的军队,是借代格。长缨本于《汉书·终军传》的请长缨,是引用格,鲲鹏本于《庄子·逍遥游》,也是引用格。但“万丈长缨”又是夸张格。“万丈长缨要把鲲鹏缚”,比作红军要捆住反动派的手脚,又是比喻格。“赣水那边红一角”,这是摹状格。“席卷”,本于贾谊《过秦论》的“席卷天下”,是引用格,又是比喻格。“狂飙”比喻革命的势力,是比喻格。这样运用各种手法,写出革命力量的强大,具有高昂的革命斗志。

渔家傲·反第一次大“围剿”

万木霜天红烂漫，天兵怒气冲霄汉。雾满龙冈千嶂暗，齐声唤，前头捉了张辉瓒。　　二十万军重入赣，风烟滚滚来天半。唤起工农千百万，同心干，不周山下红旗乱。〔作者原注〕

1931 年春

〔作者原注〕

关于共工头触不周山的故事：

《淮南子·天文训》：“昔者共工与颛顼争为帝，怒而触不周之山，天柱折，地维绝。天倾西北，故日月星辰移焉；地不满东南，故水潦尘埃归焉。”

《国语·周语》：“昔共工弃此道也，虞于湛乐，淫失其身，欲壅防百川，堕高堙庳，以害天下。皇天弗福，庶民弗助，祸乱并兴，共工用灭。”[韦昭注：“贾侍中（按指后汉贾逵）云：共工，诸侯，炎帝之后，姜姓也。颛顼氏衰，共工氏侵陵诸侯，与高辛氏争而王也。”]

《史记》司马贞补《三皇本纪》：“当其（按指女娲）末年也，诸侯有共工氏，任智刑以强，霸而不王，以水乘木，乃与祝融战，不胜而怒，乃头触不周山崩，天柱折，地维缺。”

毛按:诸说不同。我取《淮南子·天文训》,共工是胜利的英雄。你看,“怒而触不周之山,天柱折,地维绝。天倾西北,故日月星辰移焉;地不满东南,故水潦尘埃归焉”。他死了没有呢?没有说。看来是没有死,共工是确实胜利了。

这首词最早发表在《人民文学》1962 年 5 月号。

1930 年 2 月,蒋介石任命江西省政府主席第九路军总指挥鲁涤平为南昌行营主任,集中十万兵力,对中央苏区分进合击。

这时,红一方面军有第一、第三两个军团,共约四万战士,部署于清江(今临江)至分宜的袁水两岸地区,以战备姿态进行群众工作。在面临敌人大规模“围剿”的情况下,红一方面军总前委和江西省行动委员会,于 10 月下旬在新喻(今新余)罗坊举行联席会议,决定采取“诱敌深入”的战略方针,红一方面军东渡赣江,退到根据地内作战。

12 月 16 日,各路敌军向根据地中心区域进攻。张辉瓒等三个师进占富田、东固、龙冈、源头一带。龙冈、源头离红军主力集结地不远,群众条件好,便于隐蔽,接近敌人。毛泽东决定中间突破,先歼灭张辉瓒、谭道源两师。红军乘雾预伏在龙冈附近山中。30 日凌晨,毛泽东同朱德登上小别山指挥战斗。上午 9 时许,张辉瓒率领第十八师在龙冈以东、小别山以西开始登山,陷入红军包围圈,突遭红军迎头痛击。下午 4 时左右,红军发起总攻,歼敌九千余人,师长张辉瓒被俘。谭道源师闻讯向东韶逃跑,被红军追歼过半。红军在五天内打两仗,富田、东固、头陂之敌纷纷撤退。第一次反“围剿”胜利结束。

1931 年 1 月,蒋介石命军政部长何应钦兼任南昌行营主任,调集二十万军队部署第二次“围剿”,并改取稳扎稳打、步步为营的战法。4 月 1 日,敌军分四路大举进攻,由兴国、吉安、乐安、南丰等地向中央苏区压了过来。这首词,正在敌军第二次“围剿”进攻时写的。红军凭借第一次反“围剿”的胜利,发动群众,准备打破第二次“围剿”。

在第一次反“围剿”胜利以后,迎接更大的第二次“围剿”以前,怎样来写这首词呢?上片写第一次反“围剿”的胜利。这次的胜利,决定于 10 月的“诱敌深入”的战略方针,和动员群众的工作做得好,因此从这两方面来写。“万木霜天红烂漫”,在 10 月里降霜,层林尽染,万山红遍,写出革命根据地的瑰丽景色,在这个“红烂漫”里预示革命战争的胜利。“天兵怒气冲霄汉”,写出动员工作做得好,激起了红军的昂扬斗志,又是夸张格,夸张红军的昂扬斗志冲上霄汉,霄指云,汉指银河,极写斗志的昂扬。这里又有婉曲格,含有反“围剿”胜利的意味,“红烂漫”就有这个意味。接着就具体描写胜利:“雾满龙冈千嶂暗,齐声唤,前头捉了张辉瓒。”这里描写了那时龙冈的情境,是摹状格。在这个描写里,含有使敌人陷入包围圈的意思,所以又是婉曲格。接写“齐声唤”两句,写出战斗结束前红军的高呼，这是摹状格。在这里，含有围歼张辉瓒师的意思，含有第一次反“围剿”胜利的意思，所以又是婉曲格。

下片：“二十万军重入赣，风烟滚滚来天半。”极力写第二次“围剿”声势之盛，“风烟滚滚”句是描写敌军的声势，是摹状格，用“风烟滚滚”来比，又是比喻格。“来天半”，像从半空中压下来，又是夸张格。这样写，是借敌人声势之盛来反衬红军的英勇无敌；好比写景阳冈上的老虎，极力写老虎的凶猛，才能显出武松的英勇来。因此这两句具有衬托作用，衬出红军的无比英勇。“唤起工农千百万，同心干，不周山下红旗乱。”“千百万”与“二十万”构成映衬，衬出红军的力量得到千百万工农的支持，是不可战胜的。下面引了“不周山”的故事，有了“作者原注”，从原注看，引不周山，具有丰富的意义。原注里引出共工争帝的故事，头触不周山，使天柱折，地维绝，天倾西北，地不满东南。即用共工来比红军，把共工争帝来比红军与反动派的斗争，头触不周山，指红军的起来革命，要打破反动派所统治的天下。因此这个“不周山下红旗乱”，既是引用格，引用不周山的故事；也是比喻格，用共工来比喻红军；又是婉曲格，通过比喻，含有红军要打破反动派统治天下的意思。原注说：“共工是确实胜利了。”这里预示第二次反“围剿”的胜利，表现工农红军要推翻蒋家王朝的革命斗争精神。

这里对作者原注，对照原文说一下：

《淮南子·天文训》篇里说:从前共工同颛顼(zhuān xū 专需)争夺帝位,共工发怒了,用头撞不周山,不周山是撑天的柱子,被共工撞倒,天柱断了,拴着大地的绳子也断了。天的西北角倒塌了,日月星辰的位置跟着移动;地的东南角沉陷了,水流尘土跟着流向那里。

《国语·周语》:(周太子晋)说:"从前共工放弃疏导的主张,贪图淫乐,自取灭亡。要筑堤拦水,毁坏丘陵来填塞洼地,祸害天下。天不保佑他,人民不帮助他,各种祸乱一齐起来,共工因此灭亡。"(韦昭注:"贾逵说:共工是诸侯,炎帝的后代,姓姜。颛顼衰败,共工侵犯诸侯,与高辛争夺王位。")

《史记》后附司马贞补《三皇本纪》:"在女娲的末年,有个诸侯叫共工,任用智力和刑罚,称霸而不得人心。当时女娲用木德来统治天下,共工要用水德来代替木德(古代用金木水火土五行来说明朝代的标志,认为木德的朝代衰亡了,由水德的朝代来代替)。因此同祝融战,不胜,发怒,头撞倒不周山,天柱折了,拴住大地的绳子断了。"

渔家傲·反第二次大“围剿”

白云山头云欲立，白云山下呼声急，枯木朽株齐努力。枪林逼，飞将军自重霄入。　　七百里驱十五日，赣水苍茫闽山碧，横扫千军如卷席。有人泣，为营步步嗟何及！

1931年夏

这首词最早发表在《人民文学》1962年5月号。

1931年4月，蒋介石部署二十万大军，发动第二次“围剿”。毛泽东同志仍取诱敌深入、集中优势兵力、各个击破敌人的战术，把突破口选在打富田之敌。富田镇在吉安县城东南九十里。红一方面军主力在东固山区待敌二十余日，富田之敌终于离开坚固阵地，向东固（在吉安县城东南120里）进军。5月15日，红军各部开始行动。为了打好这一仗，毛泽东同彭德怀登上白云山（在吉安县东南，距东固镇西南十七里，是第二次反“围剿”中打第一仗的地方），观察形势，命令彭德怀指挥红三军团打包抄，一军团打正面，又同红三军黄公略找到一条侧击来敌的小路。16日，毛泽东和朱德在白云山指挥战斗，伏击战开始，集结在山上的红军，从山上打到山下，如天兵从天而降。敌人被前堵后袭，又受红三军从小路突然侧击，阵脚大乱，敌二十八师大部被歼。接着，红军向东横扫，从赣江流域的富田一直打到闽北的建宁、黎川山区，十五天中，走七百里，连打五仗，歼敌三万余，缴枪两万枝，打破了第二次“围剿”。

上片：“白云山头云欲立，白云山下呼声急，枯木朽株齐努力。”作者写这一次大仗，从哪儿着笔呢？从第二次反“围剿”打第一仗着笔。第一仗集中红军主力围歼敌二十八师，是在白云山上指挥的，故称“白云山头云欲立”。“云欲立”，当指云的升腾，暗示指挥的得势。“白云山下呼声急”，当指敌军二十八师被围时，敌呼救的急促。“枯木朽株齐努力”，指敌人逃跑时，枯木朽株都在帮助红军，阻止敌人的逃跑。“枪林逼”，指红军的枪林进逼敌军。“飞将军自重霄入”，像飞将军从天而降。在这上片，“云欲立”，是拟人化手法，写云也有欲望。“呼声急”，当是描写敌人的呼救声，是摹状格。“枯木朽株”，本于司马相如《谏猎疏》：“枯木朽株，尽为难矣。”认为汉武帝坐车出去打猎，要是碰上猛兽扑来，要驾车退避，林中的枯木朽株都会阻碍他的退路，给他作难。这里作“齐努力”，即一起帮助红军，阻碍敌人逃跑，这是引用格，又是反其意而用之，是倒反格。“飞将军”，本于《史记·李将军列传》：

“(李)广居右北平,匈奴闻之,号曰‘汉之飞将军’。”这是引用格,用“飞将军”来比红军的作战如从天而降,这又是比喻格。“重霄”指高空。飞将军从天而降,才用枪林来逼敌人,这里先说“枪林逼”,是倒装格。“枪林”,枪多得如林,是比喻格。

下片:“七百里驱十五日,赣水苍茫闽山碧,横扫千军如卷席。”下片要用三句话来写追击的胜利,是很难着笔的。这里用了高度概括的写法,先写追击的路程,有“七百里”;再写追击的时间,“驱十五日”;再写从开始追击到达的地区,是从赣江流域到闽省的山区;再写追击胜利的形势,是“横扫千军如卷席”。这里有高度概括的精警格,如“七百里驱十五日”;有描写赣水的苍茫和闽山的碧色,即摹状格。“苍茫”,指水上的旷远迷蒙。有比喻,如“横扫”和“卷席”,又是借用格,如杜甫《醉歌行》:“笔阵独扫千人军。”贾谊《过秦论》:“席卷天下。”这里把“独扫”作“横扫”、“席卷”作“卷席”,有所改动,这是适应表达内容和韵律的需要,更为切合。“有人泣,为营步步嗟何及!”蒋介石鉴于第一次“围剿”冒进失败,这次“围剿”改用所谓“稳扎稳打,步步为营”的办法。如在富田之敌,筑有坚固工事,红军不去进攻,在山区待敌二十余日。等敌人开始行动,离开防御工事,向前进攻时,再加围歼,打破了敌人步步为营的战术,使敌人仍遭惨败,嗟叹莫及。这里把“步步为营”作“为营步步”是引用格兼倒装格,这也是适应词的平仄的需要。

“枯木朽株”，郭沫若注：“这似乎可以从两方面来解释。一方面是说调动了所有的力量，动员了广大的工农群众，‘斩木为兵，揭竿为旗’，另一方面也可以说是敌人的败逃中，‘风声鹤唳，草木皆兵’。”张涤华注：“有人请教毛泽东同志，毛泽东同志说：‘“努力”是好字眼，不能属于腐恶的敌人。’”“‘枯木朽株’不是恶意，可以解为老人病人都振作起来，一齐努力。”

菩萨蛮·大柏地

赤橙黄绿青蓝紫，谁持彩练当空舞？雨后复斜阳，关山阵阵苍。　　当年鏖战急，弹洞前村壁。装点此关山，今朝更好看。

1933 年夏

这首词最早发表在《诗刊》1957 年 1 月号。

大柏地，在江西省瑞金县城北六十里。1929 年 1 月，毛泽东、朱德同志率领红四军向赣南闽西进军。2 月 9 日，进入大柏地。赣敌刘士毅部尾追不舍。毛泽东见来敌势孤，决心加以歼灭。10 日是春节。敌人进至大柏地以南，红军边打边退，诱敌到大柏地。11 日晨，红四军向敌人发起猛攻，激战数小时，歼敌近两个团，俘敌团长以下八百余人，缴获了大批武器，取得了离开井冈山以后的第一个胜利。1933 年夏，毛泽东重过大柏地时，写了这首词。

由于王明“左”倾路线的影响，1932 年 10 月苏区中央局宁都会议之后不久，毛泽东被调离军事领导岗位，改做政府工作。周恩来同志提出：“泽东积年的经验多偏于作战，他的兴趣亦在主持战争”，“如在前方则可吸取他贡献不少意见”。但会议还是决定毛泽东“暂时请病假，必要时到前方”。10 月12 日，决定毛泽东“暂回中央政府主持一切工作”。毛泽东来到福建长汀福音医院休养，到 1933 年 1 月，来到瑞金，主持中央政府工作，还搞调查研究，领导查田运动。在这年夏天，毛泽东路过大柏地，想起了当年的战争胜利，感到这时被撤离领导红军工作，心情有些郁闷，借回忆大柏地之战来做排解，写了这首词。

上片：“赤橙黄绿青蓝紫，谁持彩练当空舞？”这里用七种颜色并列来写虹，是极为难得的。前人用彩色来写虹的，《皇明政要》说，洪武初年，明太祖朱元璋口占《虹霓诗》：“谁把青红线两条，和云和雨系天腰。”这诗只分青红两色，比较简单，又称为线，似太细。这首词分列七色，比作彩练，当空舞动。这里显示作者丰富的想象。虹指阳光射入水滴，经一次反射和两次折射而被分散为各色光线所致。色带排列是外红内紫。因此朱元璋分为青红两色不确。这首词分为七色。首赤色，末紫色，正与外红内紫相合，又称作分散为各色光线，正与分列七色相合。首句把七色排列，见得作者的观察极为细密。虹是静止的。这里称“舞”，把静止的虹，比作当空舞的彩练，这是比喻格。又提出设问，问“谁持”，这是设问格。这里的设想，见得作者富有想象力。这种丰富的想象力，是和到了大柏地、唤起革命战争胜利的喜悦相结合的，所以看到天上的彩虹像彩带，好像有谁在庆祝革命战争的胜利而拿着彩带飞舞。

“雨后复斜阳，关山阵阵苍。”彩虹是在雨后又被斜阳照射时出现的。近黄昏时的雨后关山，现出一阵阵深绿的颜色。关山的颜色是深绿的，怎么会是一阵阵的呢？因为是雨后复斜阳，在下雨时是阴沉沉的，在斜阳照射时，是明亮的，关山的颜色忽阴沉忽明亮，所以称“阵阵苍”。在这个阵阵苍里，也反映了心情：心情忽而阴沉，这跟他受到王明路线的排挤，从红军的领导岗位上被撤下来有关；心情忽而开朗，这同想到大柏地之战的胜利有关。

下片：“当年鏖战急，弹洞前村壁。”这是想到当年在大柏地之战的胜利。“鏖(áo 熬)战”，激烈的战斗。当年激烈的战斗非常紧急，子弹打穿前村的墙壁。“洞”是打洞，在墙壁上打了洞。当时的战斗痕迹，还保留着。“装点此关山，今朝更好看。”在这里，我们看到作者的美学观点是和革命密切结合的。这里把墙壁因大柏地之战留下的弹洞，认为可以作为这个关山的装点，有了这个装点，就显得更美了。因为关山的美，是客观景物之美，加上墙壁上的弹洞，就跟革命战争结合起来了，就跟革命战争的胜利结合起来了。这个关山，经过这样的装点，就不同了，就显得更美了。因有革命战争的胜利而显得更美，这里显出作者对革命战争胜利的赞美。作者当时的心情，虽然因被从红军领导岗位撤下来而感到阴郁,但作者对于革命战争的胜利还是极力赞美,正表现作者的革命精神。

清平乐·会昌

东方欲晓，莫道君行早。踏遍青山人未老，风景这边独好。　　会昌城外高峰，颠连直接东溟。战士指看南粤，更加郁郁葱葱。

1934 年夏

这首词最早发表在《诗刊》1957 年 1 月号。

会昌，县名，在江西省东南部，东连福建省，南经寻乌县，通广东省。1933 年 10 月，蒋介石调集一百万人的兵力，采取“堡垒主义”的新战略，对中央革命根据地进行第五次“围剿”。这时，王明“左”倾机会主义路线极端错误的战略已取得了完全的统治，御敌于根据地之外，进攻敌人的坚固阵地，屡战不胜。红军东堵西截，完全陷于被动地位。毛泽东先后提出以红军主力突进到以浙江为中心的苏浙皖赣地区，以打破敌人“围剿”的正确建议，均被拒绝。7 月下旬，毛泽东到会昌文武坝，23 日凌晨，毛泽东带领粤赣省委同志登上会昌山，在山头观望，写下了《清平乐·会昌》。

上片:“东方欲晓,莫道君行早。”作者在清早登上会昌山,想到自己被从红军领导岗位上撤下来,想到王明的错误路线要把红军断送掉,面对着形势的危急,心情郁闷。看到红色根据地的大好河山,就要被迫放弃,这时要说什么呢?他却说:“东方欲晓,莫道君行早。”作者想的还是革命。在革命根据地快要放弃的时候,有人提出我们起来闹革命是不是太早了的问题。作者于1930年1月5日在《星星之火,可以燎原》里指出:“但我所说的中国革命高潮快要到来,决不是如有些人所谓‘有到来之可能’那样完全没有行动意义的、可望而不可即的一种空的东西。它是站在海岸遥望海中已经看得见桅杆尖头了的一只航船,它是立于高山之巅远看东方已见光芒四射喷薄欲出的一轮朝日,它是躁动于母腹中快要成熟了的一个婴儿。”因此说“东方欲晓”,东方快要破晓了,“东方已见光芒四射喷薄欲出的一轮朝日”。“莫道君行早”,不要说君走得早了,即红军起来革命,正在革命高潮快要到来的时候,并不是起来得早了。这里含有这样的意思:第五次反“围剿”中所受到的挫折,是暂时的,革命的形势还是要发展的。这个开头,表现了作者强烈的革命精神,并不因革命的挫折而有所消沉。旧谚:“莫道君行早,更有早行人。”这里含有王明的错误路线使革命碰壁,这不是因为革命起来得早了,更有不满于王明错误路线,而怀念第一次、第二次反“围剿”的胜利,即是更有早行的人。所以这里既是引旧谚的引用格，又是别有含义的婉曲格。

“踏遍青山人未老，风景这边独好。”作者在领导红军开辟革命根据地或反“围剿”都在山区，故称踏遍青山。作者在《中国革命战争的战略问题》中说：“由于敌人强大和红军技术贫弱所发生的红军作战的显著特点之一，就是没有固定的作战线。”“作战线的不固定，影响到根据地领土的不固定。时大时小时缩时伸是经常的，此起彼落也往往发生。这种领土的流动性，完全是来源于战争的流动性。”“踏遍青山”，非常具体地说明当时红军“作战线的不固定”和“战争的流动性”。“踏遍青山”，预示准备长征要走的道路，也是走山区。“人未老”，指出革命战士的精神焕发，虽在王明错误路线的领导下，受到很大的挫折，士气还是旺盛的。《左传·襄公二十八年》：“师直为壮，曲为老。”以军队理直而士气旺盛为“壮”，理曲而士气低落为“老”。红军为革命而战，为反帝反封建而战，是正义的，是“师直为壮”，战士的士气是旺盛的。这种旺盛的士气，只要改变错误的领导，前途是光明的，所以“风景这边独好”。这个“独好”的“好”，也就是《大柏地》的“装点此关山，今朝更好看”的“好看”。登上会昌山，看到这边曾经在开辟革命根据地时，曾经在革命战争中取得不少胜利，那么这些地方的风景是更好看的。即使当前的形势危急，准备长征，要放弃这里的根据地，但只要继承这种战斗胜利的精神，革命的前途还是无限光明的，“关山更好看”的，所以“风景这边独好”。这是赞美风景好的摹状格,但这又不光是赞美这边的风景好,还有深刻的含义,所以又是婉曲格。

下片:“会昌城外高峰,颠连直接东溟。”这正是即景生情。登上会昌山,向东望去,峰峦连接直到东海,“颠连”指山峰连接,“东溟”指东海。这是向东望,唤起了曾经向福建开辟革命根据地的胜利斗争,跟上片的“风景这边独好”相呼应。“战士指看南粤,更加郁郁葱葱。”当时登上会昌山的,还有警卫员,南粤指南面的广东。“郁郁葱葱”本于《后汉书·光武帝纪》:“气佳哉,郁郁葱葱然!”这样向东望,说广东的气象很好。联系准备长征,要踏遍青山,是不是也有要踏上南粤的青山再西去呢?这里也是摹状格,在摹状中也有婉曲。总之,在这首词里,同样表现了作者激昂的革命战斗精神。

这首词作者批语:“一九三四年,形势危急,准备长征,心情又是郁闷的。这首《清平乐》,同前面那首《菩萨蛮》一样,表露了同一的心情。”按作者作这首词和上一年作《菩萨蛮》词时,都感到形势危急,心情郁闷。但在这两首词里,都表达了革命者具有对革命胜利的乐观精神,不表露“心情郁闷”。这说明,在作者看来,革命是会胜利的,所以造成“形势危急”,是王明等“左”倾冒险主义危害的结果。

十六字令三首

山，快马加鞭未下鞍。惊回首，离天三尺三。〔作者原注〕

山，倒海翻江卷巨澜。奔腾急，万马战犹酣。

山，刺破青天锷未残。天欲堕，赖以拄其间。

1934年到1935年

〔作者原注〕

湖南民谣：“上有骷髅山，下有八面山，离天三尺三。人过要低头，马过要下鞍。”

这三首词最早发表在《诗刊》1957年1月号。

1934年10月，中央红军开始战略转移，进行长征，经历无数艰难险阻，翻山越岭，打破了数十万敌军的围追堵截，取得了一个又一个的胜利。正如《清平乐·会昌》说的：“踏遍青山人未老，风景这边独好。”这三首《十六字令》写的，也是踏遍青山，表达了昂扬的革命精神。这三首小令，第一首写山的高峻，第二首写山势的绵延起伏，第三首写山峰的峻峭。三首词都表现了一种雄伟豪迈的风格，可以跟《长征》第二联配合起来，对长征所越过的山作了全面的描绘。

第一首："山"，一个字一句，见得这个山不是一般的山，高到使人惊叹。怎样高呢？这里引用了民谣："离天三尺三。人过要低头，马过要下鞍。"但红军怎样过去呢？"快马加鞭未下鞍。"在越过这样的高山时，是快马加鞭冲过去，没有下鞍。从"惊回首"里，显出红军过去了，才"惊回首"。只在回头看时，才惊心于这座山的高度是"离天三尺三"。这里着重写的，是"快马加鞭未下鞍"的红军藐视高山的豪迈气概，所以把"离天三尺三"放在最后。再看古来写山高的诗，如李白的《蜀道难》："扪参历井仰胁息，以手抚膺坐长叹。"山高到登上山巅，手可以摸到天上的星宿，摸到参宿和井宿，使人惊得屏气不敢呼吸，用手抚着胸口坐着叹长气。这是写人怕山的高，所以先写山怎样高，再写人的惊心，是在写蜀道的难行。这里写红军藐视山的高，所以先写红军的豪迈气概，后写山的高，写法不同。

第二首："山，倒海翻江卷巨澜。"一开头也写对山的惊叹，惊叹山峰一个接着一个，像倒海翻江所卷起的巨大波浪，一个接着一个，比山势的连绵起伏。山峰是静止的，一个个大波浪是动的，从静止的一座座山峰里，看出像大波浪奔涌来，这是从高处远望，能看到山势的绵延起伏，才有这种感觉，像倒海翻江的大波浪了。

“奔腾急，万马战犹酣。”作者不仅用倒海翻江的大波浪来比山势的绵延起伏，还用“万马战犹酣”来比，即用万马奔腾得正激烈来比。“战”指比胜负，比跑得快，即指奔腾。“酣”指酣畅。万马奔腾时也有起伏的，可以比山势的起伏。韩愈《南山诗》：“或决若马骤。”快得像马的奔腾。写山峰的绵延起伏，像马的快跑奔腾，也用马的奔腾来比山势。不过，“决若马骤”的写法，不如“奔腾急，万马战犹酣”写得更生动更有声势。

第三首：“山，刺破青天锷未残。”“锷(è 鄂)”，剑锋。作者写另一种山，那高峻的山峰峭直得像一把宝剑，刺破青天剑锋没有残缺。把山峰比作兵器，古代也有，如王建《温门山》：“早入温门山，群峰乱如戟。”可是那只是一个简单的比喻。在这首词里就不同了，不光把山直接说成宝剑，不用“如”字，还说它刺破青天而剑锋未残。这就更富有想象力，更具有含义了。

“天欲堕，赖以拄其间。”天要掉下来，靠它来支撑着。这里说山峰可以作为撑天的柱子。这里暗用一个典故，即不周山是天柱的典故（见前《渔家傲·反第一次大“围剿”》的不周山注），更有红军是撑天的柱子的深刻含义。

这三首描写山的词，跟长征中的革命斗争精神是结合的。在长征中，冲破蒋介石几十万大军的围追堵截，不论怎样艰难困苦，像要走过离天三尺三的高山那样，红军也是“快马加鞭未下鞍”地冲过去。红军长征的气势真是波澜壮阔，像一个浪头接着一个浪头，一个胜利接着一个胜利，像倒海翻江，像万马奔腾。红军在极其艰苦的环境中，也能克服任何困难，奋勇前进，即使天塌下来也能把它顶住。写这样的山，正表现出红军是有那样昂扬的革命激情，只有投身在火热的革命斗争中，才会赞赏那样雄伟的景象，才会把它写得这样豪迈有力。因此，这三首词，不光是对山的赞美，同时也含有革命的激情，更有力地写出红军的革命斗争精神，具有强烈的鼓舞作用。

这三首词是写长征中的山，表现山的三个方面，即山的高，山势的绵延起伏，山的峻峭。写这三方面，也是写出红军在革命斗争中所表现出来的革命精神。这样写山，可以和《长征》中关于山的描写结合起来，全面地理解红军的革命斗争精神。在《长征》中写山，有“五岭逶迤”、“乌蒙磅礴”，写出了山势的绵延起伏，山的大气磅礴。但对于山的“离天三尺三”的高，限于篇幅，没有写；写了山势的绵延起伏，但对山势具有“倒海翻江卷巨澜”、“万马战犹酣”的声势；对于山的可以作为天柱这点也没有写。这三首词正好做《长征》中写山的补充，更有力地写出红军的革命斗争精神来了。

最后还得指出这三首的艺术手法。第一首用的是映衬手法，就是一方面极力写山之高，一方面极力写红军不畏山高，用来衬托出红军的英雄气概。在写山的高里，引用民谣，又是引用格。第二、第三首词里也有引用格，如

“万马战犹酣”,暗引“或决若马骤”,“赖以拄其间”暗用不周山的天柱,但这里都写得更生动有力。在第二、第三首里,还用了博喻手法。钱锺书先生在《宋诗选注》的苏轼篇里讲到博喻,是“西洋人所称道的莎士比亚式的比喻,一连串把五花八门的形象来表达一件事物的一个方面或一种状态。这种描写和衬托的方法仿佛是采用了旧小说里讲的‘车轮战法’,连一接二的搞得那件事物应接不暇,本相毕现,降伏在诗人的笔下”。这里第二、第三首里的博喻,用“倒海翻江卷巨澜”来比山势绵延起伏的气势的巨大,再用“万马战犹酣”来比,再比“刺破青天”的“锷”,比剑的锋利;再暗用撑天的柱子来比,接连用了四个比喻,把山的多方面的特点写出来,更显出它的形象生动和丰富多彩。

忆秦娥·娄山关

西风烈，长空雁叫霜晨月。霜晨月，马蹄声碎，喇叭声咽。　雄关漫道真如铁，而今迈步从头越。从头越，苍山如海，残阳如血。

1935 年 2 月

这首词最早发表在《诗刊》1957 年 1 月号。

娄山关，在贵州省遵义城北的最高峰上，是防守贵州北部重镇遵义的要塞。红军长征时，于 1935 年 1 月占领遵义，召开了有伟大历史意义的遵义会议，结束了王明"左"倾冒险主义在党中央的统治，取消了博古、李德的最高军事指挥权，推选毛泽东为政治局常委。会后，红军经娄山关北上，准备在泸州与宜宾之间渡过长江，与川西北的四方面军会师。当时，蒋介石派重兵把守江岸，红军折回，再向遵义进军。贵州军阀王家烈已派一个师守娄山关。2 月 25 日，红军打垮了敌人一个师，在黄昏时占领娄山关。次日拂晓，敌人两次集结兵力来反攻，战斗激烈，这首词是写两次的战斗。

上片:“西风烈,长空雁叫霜晨月。”这两句写那天拂晓时的情景。那天有西风,在拂晓时有雁叫和月亮,有霜。由于娄山关地势极高,所以感到西风吹得猛烈,加上雁叫声音的凄厉,霜晨残月的凄清,这一番景色的描绘,正好和战斗的激烈相配合。“霜晨月,马蹄声碎,喇叭声咽。”这里就写出拂晓的激烈战斗,听到马蹄声碎杂,正是骑兵在山石上行动时的声音,喇叭的军号声显得悲凉,正写出苦战的情景。经过一番苦战,终于打垮了敌人的进攻。

下片:“雄关漫道真如铁,而今迈步从头越。”娄山关地势险要,所以称雄关。“漫道”,徒然说,坚固得如铁那样不可攻破,已被红军攻克了。如今大踏步从上面跨过。“迈步”,大踏步。“从头越,苍山如海,残阳如血。”在跨过娄山关时,因为那里的地势极高,可以望见很多的山峰,它们正像海中起伏的波涛,所以如海了。“残阳”,黄昏时的太阳是红色的,经过战斗,所以有如血的感觉。据作者说,是在战争中积累了多年的景物观察,一到娄山关这种战争胜利和自然景物的突然遇合,就造成了他自以为颇为成功的这两句话。

作者自注:“万里长征,千回百折,顺利少于困难不知有多少倍,心情是沉郁的。过了岷山,豁然开朗,转化到了反面,柳暗花明又一村了。以下诸篇反映了这一种心情。”这是说,在长征中,碰到很多困难,这同在遵义会议以前，长征还在王明“左”倾错误路线的领导下，还在博古、李德的最高军事指挥权的指挥下，把红军引入死路，当时心情的沉郁是可以理解的。遵义会议以后，取消了王明“左”倾错误路线的领导，取消了博古、李德的最高军事指挥权，确立了毛泽东的正确领导，在娄山关之战，取得了很大胜利，为什么心情还是沉郁的呢？原来遵义会议以后，本定在泸州与宜宾之间渡过长江，与川西北的四方面军会师，不意蒋介石派重兵把守江岸。倘按原计划进军，一定遭受挫折，不得不改变进军路线，于是转头东进，要重占娄山关、遵义。当时王家烈已派一师军队镇守娄山关，蒋介石又调薛岳的周浑之、吴奇伟两个纵队赶赴娄山关去帮助王家烈的部队，只有打下娄山关，占领遵义，才能取得胜利。说明当时的形势还很险恶，虽在娄山关打了胜仗，心情还是沉郁的。

“西风”、“雁叫”和“霜晨月”，是描绘战前凄清的景色；“马蹄声碎，喇叭声咽”，是描绘战斗的激烈。这是属于摹状格。叠写“霜晨月”是复叠格。“马蹄”两句又是对偶格，加强写出战斗的激烈。“雄关”“如铁”，这是敌人的看法，用“如铁”是比喻格，比喻如铁之坚，牢不可破。加上“漫道”，徒然说，枉自说，这是红军的看法。两种看法相反，构成映衬格，衬出红军的英勇无敌，造成“而今迈步从头越”，这证明“漫道”的正确，更为有力。再来一个“从头越”，是复叠格，加上这个复叠，更显出力量来。“苍山如海，残阳如血”，这是两个比喻格。看苍山，峰与峰相连接,如“倒海翻江卷巨澜”,这才是“如海”。“残阳如血”,不仅把夕阳比作血色,还唤起在历次的战斗中流血的意思。在倒海卷巨浪的山区中,看到战士在历次的流血战斗中夺取胜利,这两句正表达出这种情思,情景交融,所以成为颇为成功的两句话。

七律·长征

红军不怕远征难,万水千山只等闲。
五岭逶迤腾细浪,乌蒙磅礴走泥丸。
金沙水拍云崖暖,大渡桥横铁索寒。
更喜岷山千里雪,三军过后尽开颜。

1935 年 10 月

这首诗最早发表在《诗刊》1957 年 1 月号。

七律,七言律诗的简称。律诗是旧体诗的一种格式,它的特点:每篇限于八句,每句限于五个字的称五言律诗,每句限于七个字的称七言律诗;偶句末一字押平声韵,首句末字可押可不押,必须一韵到底,用平声韵;句内和句间要讲平仄调配;中间四句要对偶。

"长征":1934 年 10 月间,中央红军主力从中央革命根据地出发作战略大转移,即从福建西部的长汀、宁化和江西南部的瑞金、雩都等地出发,经过福建、江西、广东、湖南、广西、贵州、四川、云南、西康、甘肃、陕西十一省。

渡过湘江时，中央红军还处于王明“左”倾路线领导下，由出发时的八万多人锐减至三万多人。在遵义会议以后，红军在毛泽东同志领导下，四渡赤水，避实击虚，进逼昆明，迫使几十万围追堵截的敌军驰援昆明。中央红军即于5月3日至9日安全渡过金沙江，把几十万敌军抛在后面。中央红军于5月29日在泸定县铁索桥上渡过大渡河时，几十万敌军还来不及赶上，红军终于打开了北上的通道。走过了终年积雪的高山，越过了人迹罕至的草地，历尽艰难险阻，连续行军两万五千里，终于在1935年10月，胜利地到达陕西北部的革命根据地。

毛泽东同志曾这样指出长征的伟大意义：“长征是历史记录上的第一次，长征是宣言书，长征是宣传队，长征是播种机。”“十二个月光阴中间，天上每日几十架飞机侦察轰炸，地下几十万大军围追堵截，路上遇着了说不尽的艰难险阻，我们却开动了每人的两只脚，长驱二万余里，纵横十一个省。请问历史上曾有过我们这样的长征吗？没有，从来没有的。长征又是宣言书。它向全世界宣告，红军是英雄好汉，帝国主义者和他们的走狗蒋介石等辈则是完全无用的。长征宣告了帝国主义和蒋介石围追堵截的破产。长征又是宣传队。它向十一个省内大约两万万人民宣布，只有红军的道路，才是解放他们的道路。”“长征又是播种机。它散布了许多种子在十一个省内，发芽、长叶、开花、结果，将来是会有收获的。总而言之，长征是以我们胜利、敌人失败的结果而告结束。”“长征一完

结,新局面就开始。”(《论反对日本帝国主义的策略》)

像这样空前伟大的历史事件,具有这样伟大而深刻意义的长征,作者却只用五十六个字来写,需要高度概括的艺术手腕。古代的大作家很少敢用一首律诗来写各个时代复杂而重大的题材,即使那种题材远远比不上长征的复杂而具有伟大意义。像杜甫写的《秋兴》八首、《诸将》五首,也要用连章体来写,别的更不用说了。从这里,不能不使人惊叹作者具有极高度的艺术概括力。

作者怎样高度概括来写长征呢?先抓住主要的来写。什么是最主要的呢?毛泽东说:“谁使长征胜利的呢?是共产党。没有共产党,这样的长征是不可能设想的。中国共产党,它的领导机关,它的干部,它的党员,是不怕任何艰难困苦的。”(同上)这里说的共产党,是指以毛泽东同志为首的正确领导的共产党,是指突破数十万敌军围追堵截取得胜利的红军。因此说“红军不怕远征难”。说“红军”,是指在长征中突破数十万敌军围追堵截取得胜利的红军,也包括它的领导机关,它的干部、党员在内。再提出“不怕远征难”,是不怕长征中无数的艰难险阻。接着说“万水千山只等闲”,写红军把渡过万条水、越过千重山看作平常的事,“等闲”是平常的意思。这里称“远征”不称“长征”,因为“长”是平声,这里要个仄声字,故称“远征”。这里不称“千山万水”,称“万水千山”,有两个原因:一是渡过大渡河是一次非常关键的战役,1863 年,太平天国翼王石达开率领数万大军在安顺场渡大渡河未成，全军覆没。蒋介石当时也想用石达开的失败来鼓舞他部下的将领，想阻止红军渡过大渡河；二是这句话要用仄起，"万水"是仄起，附合律诗的需要。接下来又先写五岭乌蒙，后写金沙大渡，即先写山，后写水，为什么？这也有两个原因：一是在长征中先越过五岭乌蒙，后渡过金沙江、大渡河。二是律诗的需要，第三句先要仄起，"五岭"正是仄起。这样先写"万水千山"，接下来先写山后写水，这是钱锺书先生《管锥编》66 页称为"丫叉"句法，即"有起必承，而应承之次序与起呼之次序适反。其例不胜举"。古代作家也都有这种写法的。

开头两句笼罩全篇，中间两联，一联写山，一联写水。结尾一联提到岷山，也和"千山"的山相应，归结到"三军过后尽开颜"，是"不怕远征难"的发展。开头两句就这样笼罩全篇而有发展，写出红军的革命英雄主义精神。

第二联："五岭逶迤腾细浪，乌蒙磅礴走泥丸。"大庾（yǔ 宇）、骑田、萌渚（zhǔ 煮）、都庞、越城五岭，绵延起伏于江西、湖南、广东、广西之间。"逶迤"（wēi yí 威移），绵延起伏。1934 年 10 月中央红军从福建、江西出发，沿这四省边境的五岭山脉，越过敌人封锁线，向西进军。乌蒙山绵延起伏在贵州、云南两省之间，气势磅礴，"磅礴"指雄伟。这两句话，运用了七种修辞手法：①互文格，即"五岭逶迤"而"磅礴"，"乌蒙磅礴"而"逶迤"。②比喻格，五岭、乌蒙的逶迤磅礴，像"腾细浪""走泥丸"。③引用格，"走泥丸"本于《汉书·蒯通传》的"坂上走丸"。泥丸从山坡上滚下来,成一条起伏跳动的线,可比山势的起伏。④映衬格,雄伟的五岭、乌蒙与渺小的细浪、泥丸构成映衬,衬出红军高大的形象来。在红军眼里,高大的五岭乌蒙不过像渺小的细浪泥丸。⑤婉曲格,在映衬中,含有红军突破几十万敌军的围追堵截,显出红军英勇无敌,这个意思含蓄在内,故为婉曲格。⑥摹状格,描写山势的逶迤磅礴,即为摹状。⑦对偶格,这两句对偶极工。在这七种修辞法中,最重要的是映衬和婉曲格,衬出红军的高大形象,英勇无敌,把数十万敌军的围追堵截看得毫不可怕,一一加以击破,突出红军的英勇无敌。

第三联:“金沙水拍云崖暖,大渡桥横铁索寒。”金沙江,即长江上游自青海省玉树县至四川省宜宾县之间的一段。江的两岸,是高耸入云的悬崖峭壁。中央红军在云南省装作向昆明进军,引诱数十万敌军去保卫昆明,中央红军在禄劝县西北的绞车渡渡过金沙江的时候,把敌人的大军远远抛在后面,胜利地渡过了金沙江。大渡河,源出青海、四川两省交界处的果洛山。两岸都是高山峻岭,水势陡急。大渡河上的泸定桥,在四川省泸定县,形势险要,桥长约三十丈左右,用十三根铁索组成,上铺木板。中央红军在1935年5月29日下午4时到达泸定桥,当时桥板已被敌人拆掉。二十二名红军战士冒着对岸密集的火力,攀缘铁索,奋勇冲击。一位战士被击中,坠入十余丈下的急流。更多的战士冲向前去,占领桥头,打开中央红军北上的通道。渡过金沙江和大渡河的胜利,主要是红军甩掉了几十万敌军的围追，这正是毛泽东在战略转移上取得的大胜利。这一联描写金沙江水拍打高耸入云的悬崖，使人产生暖的感觉；横贯在大渡桥上的木板被拆去，铁索给人寒的感觉。这样的描写是摹状格。“暖”当指崖壁的色彩可能是赭色，给人以暖的感觉。从视觉看到的金沙水拍，转入感觉的暖，这是运用通感手法。从视觉看到的大渡桥横，铁索裸露，转到感觉的寒，这也是通感。把大渡河上的泸定桥称为大渡桥，这是省略格。再说一联写山，一联写水，写法又完全不同。写山的一联，主要是运用映衬手法，衬出红军的高大形象和英勇无敌。写水的一联主要是运用摹状手法，再加上通感。这样，就避免了两联手法的重复，更显出艺术手法的多样化。

最后一联：“更喜岷山千里雪，三军过后尽开颜。”岷山，绵延于四川、青海、甘肃、陕西省之间的山脉。在四川、甘肃交界处，有几十座山峰终年积雪，称大雪山。中央红军在1935年6月过夹金山、梦笔山，7月过长板山、打鼓山，都是终年积雪的雪山，所以说“千里雪”。这个结尾，称“三军”与开头的“红军”相应，开头说“不怕远征难”，这里说“更喜”，说“尽开颜”，指笑，这是比“不怕难”有了进一步的发展，含有“长征一结束，新局面就开始”的深刻意义。这个意义，也含有上文提到的毛泽东同志讲的长征的伟大意义在内。

“三军”，作者批：“红军一方面军、二方面军、四方面军。不是海陆空三军，也不是古代晋国所谓上军、中军、下军的三军。”一方面军，指毛泽东同志等领导的中央红军。二方面军，指1936年6月，由任弼时同志等领导的湘鄂川黔边区突围长征的红军，到西康甘孜与四方面军会合。四方面军，指原由张国焘领导的红军，于1935年3月退出川陕根据地，6月，在四川懋功（今小金）和一方面军会合，他反对北上。9月，巴西会议后，中央率领一部分红军北上。张国焘率领一部分红军南下，与二方面军会合。在朱德、任弼时、贺龙、关向应等同志的坚忍努力下，最终二方面军与四方面军一部分一起北上，10月，到达陕北，与一方面军胜利会师。张国焘率四方面军二万余人向青海西进，遭受惨重损失。

念奴娇·昆仑

横空出世，莽昆仑，阅尽人间春色。飞起玉龙三百万，〔作者原注〕搅得周天寒彻。夏日消溶，江河横溢，人或为鱼鳖。千秋功罪，谁人曾与评说？　　而今我谓昆仑：不要这高，不要这多雪。安得倚天抽宝剑，把汝裁为三截？一截遗欧，一截赠美，一截还东国。太平世界，环球同此凉热。

1935 年 10 月

〔作者原注〕

前人所谓“战罢玉龙三百万，败鳞残甲满天飞”，说的是飞雪。这里借用一句，说的是雪山。夏日登岷山远望，群山飞舞，一片皆白。老百姓说，当年孙行者过此，都是火焰山，就是他借了芭蕉扇扇灭了火，所以变白了。

这首词最早发表在《诗刊》1957 年 1 月号。

昆仑，山脉名。它的主脉在新疆维吾尔自治区和西藏自治区交界处。东段分三支伸展。其南支向东延伸后与岷山相接,因而红军长征时所经过的岷山,也可以看作昆仑山的一个支脉。作者自注:“昆仑,主题思想是反对帝国主义,不是别的。”

毛泽东同志在总结长征的伟大意义时说:“长征一完结,新局面就开始。”这个新局面指什么?毛泽东同志在1935年12月27日于中共中央政治局瓦窑堡会议上作《论反对日本帝国主义的策略》,其第一部分“目前政治形势的特点”称:“目前形势的基本特点,就是日本帝国主义要变中国为它的殖民地。”“一九三一年九月十八日的事变,开始了变中国为日本殖民地的阶段。”这首词写的,是作者在长征途中过雪山时,即过昆仑山的一个支脉时,看到昆仑的大雪而写的,在下片里,想到把昆仑裁为三截,遗欧、赠美、还东国。日本属于东国。因此,这词的“主题思想是反对帝国主义”,当是反对欧、美、东国即日本的帝国主义。这个反对帝国主义的思想是从登上昆仑山的一个支脉来的,所以称为《昆仑》。

上片:“横空出世,莽昆仑,阅尽人间春色。”昆仑山横亘在空中,高出尘世,写它的高大。莽是草木茂盛,写出昆仑山的特点。因为它横亘高空,才能俯视尘世,所以“阅尽人间春色”。既从空间上赞美昆仑的高大,又从时间上赞美昆仑的永久。这里的“阅尽”,是从这两方面来说的。“飞起玉龙三百万,搅得周天寒彻。”因为昆仑的终年积雪,就想到南宋魏庆之《诗人玉屑》中的《知音》篇,姚嗣宗条里作“战罢玉龙三百万,败鳞残甲满天飞”。这首词里把这两句概括为“飞起玉龙三百万”,指飞雪了。因为雪大,所以“搅得周天寒彻”,整个天空冷透了。雪大,雪积得多了。因此,“夏日消溶,江河横溢,人或为鱼鳖”。雪太多,夏天融化后,发大水,造成水灾,给人民造成灾害。《左传·昭公元年》:“微(没有)禹,吾其鱼乎!”“千秋功罪,谁人曾与评说”。这上片先描写昆仑山的形象,是摹状格。再写它的“阅尽人间春色”,是拟人化手法。再写它的“飞起玉龙三百万”,是比喻格,又是引用格,把原文两句改为一句,又是夸张格。再说雪的融化造成水灾,“人或为鱼鳖”,又是引用格,引用原文加以改造,使合于词的韵律的需要,把“吾其鱼”改成“人或为鱼鳖”。再提昆仑山的“千秋功罪”来,这里只提到它的罪,“人或为鱼鳖”,这是开出下片的需要。下片与上片紧密配合,就从昆仑的高寒积雪所造成的水灾来发议论的。

下片:“而今我谓昆仑:不要这高,不要这多雪。”上片提到昆仑的罪,下片就要改造它。想到消除昆仑山的高寒积雪所造成的水灾,因此提出:“不要这高,不要这多雪。”这就要运用想象:“安得倚天抽宝剑,把汝裁为三截。”宋玉《大言赋》:“方地为车,圆天为盖。长剑耿介(状光耀),倚天之外。”想象把整个天地化成一辆大车,以大地为车,以圆天为车盖,在这样的大车上,有一柄长剑,它的一头自然搁到天的外头。这个想象,引起诗人的喜爱。李白在《大猎赋》里说:“于是擢倚天之剑,弯落月之弓，昆仑叱兮可倒，宇宙噫兮增雄。”在这里就想象抽出倚天的剑来，只要呼叱一声使昆仑倒下来。辛弃疾《水龙吟》：“举头西北浮云，倚天万里须长剑。”这是说需要倚天之剑来拨开云雾见青天。李白只借倚天剑来夸耀皇帝出去打猎的威风，没有深意。辛弃疾想的抗金，受到南宋投降派的阻挠，很不得志。他在福州任职期间，想到投降派在西北面的南宋朝廷上反对抗金，所以想象用倚天剑来拨开浮云，那就有意义了。这是表现他的爱国精神。这首词的想象有了更大的发展。以上三处都讲剑是倚天，这里却改成人是倚天，这就突出人物的高大形象。这样高大的人抽出倚天的宝剑，自然就可以把昆仑裁为三截了。考虑到一截遗欧，一截赠美，一截还东国。“太平世界，环球同此凉热。”作者的考虑，不局限于祖国人民。想象裁为三截以后，没有这高，没有这多雪，不发大水，对祖国人民的祸害就消除了，这是对祖国说的。祖国消除了祸害，得到太平，作者还想到整个世界，把一截送给欧洲，把一截送给美洲，把一截还给东亚，使全世界都得到太平。这就是反对帝国主义，反对欧洲、美洲、东亚的帝国主义，就不限于日本帝国主义，把反对日本帝国主义也包括在内了。在下片里，称昆仑为“汝”，对它说“不要这高，不要这多雪”，也是用拟人法。用了倚天剑的典故，是引用格，把剑的倚天改为人的倚天，突出革命者的高大形象，这是新的创造。把昆仑裁为三截，遗欧赠美还东国，这是更伟大的想象，抒发了革命者的伟大抱负。

作者批语:“主题思想是反对帝国主义,不是别的。改一句:‘一截留中国’改为‘一截还东国’。忘记了日本人是不对的。这样,英、美、日都涉及了。别的解释不合实际。”当时,正是红军北上抗日的时候,可是毛泽东同志还想到“日本人民”,可见作者认为日本帝国主义侵略中国,也使日本人民受难,所以反对日本帝国主义,也要解放日本人民,显出作者的博大胸怀和阶级观点。

清平乐·六盘山

天高云淡，望断南飞雁。不到长城非好汉，屈指行程二万。　　六盘山上高峰，红旗漫卷西风。今日长缨在手，何时缚住苍龙？

1935年10月

这首词最早发表在《诗刊》1957年1月号。

1935年9月，中央政治局常委在甘肃省南部决定将革命落脚点放在陕北根据地上。10月7日，中央红军即翻越六盘山。六盘山在宁夏回族自治区南部固原县西南，山路险窄，要盘旋六重才能到达峰顶。10月7日，中央红军登上六盘山。毛泽东站在山顶上，怀念留在南方的同志，写了这首词。

上片："天高云淡，望断南飞雁。"这时是10月，从六盘山上望出去，天高气爽，天上点缀着淡淡的白云，确切地写出西北秋天的景色。这时候当有从北方向南飞的雁，"望断"是望着望着望到看不见，对南飞的雁这样望着,是有含义的。古人有雁足传书信的说法,雁和书信往往结合着。当时还有不少同志在南方打游击,在六盘山上怀念南方的同志,因而注目飞雁,想把胜利的消息和怀念同志的感情像归雁传书那样传过去,所以一直望着望到看不见。这里在写景,也在景中饱含革命的感情。

“不到长城非好汉,屈指行程二万。”长城指抗日前线。长征是把战略大转移变为奔赴抗日前线,“它向全世界宣告,红军是英雄好汉”。不到抗日前线,不是好汉,这句话强烈地表现了红军战士坚定不移的革命精神。事实也是如此,屈指一算已经走了二万五千里路了。“二万”是二万五千里的省称,这跟国民党反动派的不抵抗、逃跑和走投降路线,是多么强烈的对照啊!

下片:“六盘山上高峰,红旗漫卷西风。”“漫”,随意,红旗随风翻卷,在六盘山的高峰上,中央红军的红旗随风招展,描绘出一幅壮丽的图景。在这幅图景里,含有红军胜利而豪迈的精神。按这句中的“红旗”,在《诗刊》创刊号上发表时作“旄头”。古代有一种旗子,在竿上装着旄牛尾,称“旄头”。旄头含有作先锋的意思,用旄头表示红军是中国抗日先锋队的意义,后来改作“红旗”,更鲜明形象,也更通俗了。“今日长缨在手,何时缚住苍龙?”“长缨”,长带子(见前《蝶恋花·从汀州向长沙》注)。“苍龙”,古代用来指凶神恶煞,这里用来指反动派首领蒋介石。《后汉书·张纯传》注:“苍龙,太岁也。”古代方士以太岁所在的方位为凶方,因称太岁为凶神恶煞。这是说,今天的红军已经具有打倒蒋介石的力量,打倒蒋介石只是时间问题。

“长征一完结,新局面就开始”,这是毛泽东同志论长征的伟大意义时说的。这首词正写出开展新局面的雄心壮志。所谓新局面,就是奔赴抗日前线来领导全国人民抗日。在这里,表现了伟大的革命者能够认识到局势的变化,认为当时的主要矛盾已经从国内的阶级斗争转化为领导全国人民起来反对日本帝国主义的斗争,所以战略大转移是由对付蒋介石的国内阶级斗争,转移到奔赴抗日前线,以对日抗战为主要矛盾了。这又表现了伟大革命者敢于蔑视日本帝国主义的英勇气概。国民党反动派害怕日本帝国主义,不抵抗,逃跑,走投降路线。伟大的革命者在战略上藐视敌人,指出一切帝国主义和反动派都是纸老虎,以领导全国人民抗日的积极措施同日本帝国主义侵略者作斗争。因此,奔赴抗日前线,不但满怀打败日本帝国主义的信心,还表示对于蒋介石的反革命“围剿”,红军已有长缨在手,能够缚住苍龙,把他打倒。

作者自注:“〔苍龙〕指蒋介石,不是日本人。因为当时全副精神要对付的是蒋不是日。”长征是对付蒋介石的“围剿”的,所以是对付蒋介石的。

沁园春·雪

北国风光，千里冰封，万里雪飘。望长城内外，惟余莽莽；大河上下，顿失滔滔。山舞银蛇，原驰蜡象，〔作者原注〕欲与天公试比高。须晴日，看红装素裹，分外妖娆。　　江山如此多娇，引无数英雄竞折腰。惜秦皇汉武，略输文采；唐宗宋祖，稍逊风骚。一代天骄，成吉思汗，只识弯弓射大雕。俱往矣，数风流人物，还看今朝。

1936年2月

〔作者原注〕

原指高原，即秦晋高原。

这首词最早发表在《诗刊》1957年1月号。

1936年1月，中共中央决定东征。毛泽东和彭德怀同志到黄河左岸，指挥渡河准备工作。毛泽东在陕西清涧创作《沁园春·雪》，面对雪后初晴的高原风光，赞赏祖国山河的壮丽，缅怀几千年以来统治中国的历代最高统治者，感叹他们文治武功的不足，批判二千年来封建最高统治者的一个反动侧面，从而突出今天革命无产阶级的杰出成就。

抗战胜利后的1945年8月28日，毛泽东同志从延安飞抵重庆，同国民党进行了四十三天的谈判。在这期间，柳亚子先生有诗送给毛泽东，毛泽东书赠这首词来作答，这首词开始在报上发表，引起了广大读者的注意，传诵一时。毛泽东在重庆谈判时传出这首词来是有意义的。毛泽东在《关于重庆谈判》里说："世界是在进步的，前途是光明的，这个历史的总趋势任何人也改变不了。我们应当把世界进步的情况和光明的前途，常常向人民宣传，使人民建立起胜利的信心。同时，我们还要告诉人民，告诉同志们，道路是曲折的。在革命的道路上还有许多障碍物，还有许多困难。"毛泽东在这个时候，重写出这首词来，是面对着当时的许多困难，指出今朝的风流人物，即革命的无产阶级英雄人物，应努力去争取胜利。在人民面前预示这种斗争的光明胜利的前途，鼓舞人民的斗志，增强人民争取胜利的信心，具有深刻的思想性。

这首词上片写北方的雪景，结合长城、黄河、秦晋高原来写，大气包举，景象雄伟；在雄伟中还写出晴日的雪景，用红装素裹来比，具有艳丽的色彩。写祖国的山河是壮丽的。下片从祖国山河的壮丽，引出历史上的最高统治者，认为他们都不能与祖国山河的壮丽相配；同时，热烈地赞美今天的风流人物,赞美无产阶级革命英雄。

上片:“北国风光,千里冰封,万里雪飘。”这里用的是互文格,即千万里冰封,千万里雪飘。作者的咏雪,眼光不停留在雪上,是通过雪来写祖国的伟大山河,联系祖国山河的壮丽来赞美革命英雄人物。从这里,可以看到咏物诗的写法。刘熙载《艺概》说:“不离不即。”不离,如咏雪,上片写雪景;不即,不局限于雪,写出祖国山河的壮丽,论及历史上的最高统治者怎样与祖国山河的壮丽不相称。正符合“不离不即”的写作原则。

上片写北方的雪景,又提到“望长城内外,惟余莽莽;大河上下,顿失滔滔”。在北方,雄伟的景物,首推万里长城与黄河。作者要通过雪来写出“北国风光”,所以先写登上长城看雪景,看到长城内和长城外,只剩下白茫茫一片。“莽莽”,含有深远广大的意味。再看黄河的上游和下游,已经结冰,顿时失掉滔滔滚滚的水势。“滔滔”,状水势大。“山舞银蛇,原驰蜡象,欲与天公试比高。”北方雄伟的景物,还有群山和高原,也都被雪罩盖着。群山的一个个山峰绵延起伏,像银蛇在舞动;秦晋高原,盖着雪的丘陵,一个接着一个,像一只只白象在奔跑。从山势的绵延起伏来看,像蛇的游动,再加夸张,说成舞;从丘陵的一座座相连来看,像白象在跑。向远处望去,山和丘陵与天相接,像在与天公比高了。这里也在写雪景,所以称“银蛇”和“蜡象”,又不限于写雪景,写出北方的山和高原的雄伟。这里运用了摹状格,描写了长城、黄河以及山和原。又是对偶格，长城二句与黄河二句相对，山和原相对。又是比喻格，用“舞银蛇”“驰蜡象”来比群山和高原的起伏。又是夸张格，称“舞”和“驰”是夸张。又“欲与天公试比高”，写山和原都有欲望，是拟人化手法。这样运用多种手法，所以写得生动形象。

“须晴日，看红装素裹，分外妖娆。”等到天晴的日子，看到红艳艳的太阳跟白雪裹着的大地互相映照，显得格外娇艳。红日和白雪映照，比作浓妆的美女披着白色的外衣，格外娇艳。在这里，又写出雪后山河具有秀丽的一面。把上面写江山雄伟的一面与这里写江山秀丽的一面相结合，就写出祖国江山的壮丽来。这里的“红装素裹”是比喻，先用“红装”比红日，“素裹”比雪盖大地；再用“红装素裹”比喻浓妆披着白色外衣的美女。这样运用比喻，是非常突出的。

下片：“江山如此多娇，引无数英雄竞折腰。”下片的开头承接上片，起到过渡作用。上片讲江山的壮丽，这里讲“江山如此多娇”，这里称“多娇”，承上片的“分外妖娆”来，这是相承。这里单提“多娇”，不提江山雄伟的一面，即由上片的“壮丽”转入专提“丽”了。这一变化，开出下片的议论来。从江山的娇艳，转到历史上的无数英雄人物，竞相折腰。折腰，弯腰，致敬礼。《晋书·陶潜传》：“不能为五斗米折腰。”这里写出引无数英雄人物向祖国山河的秀丽争着折腰，是对祖国壮丽的山河表示崇敬。这里却单指“多娇”，单指秀丽的一面说，就引出下面对无数英雄人物的批评来了。

“惜秦皇汉武,略输文采;唐宗宋祖,稍逊风骚。一代天骄,成吉思汗,只识弯弓射大雕。”这里,就历史上举出五个封建统治阶级的首领:秦始皇、汉武帝、唐太宗、宋太祖、成吉思汗(即元太祖),其中四人是秦、唐、宋、元四个朝代的开国之主,都有雄才大略,能建功立业。汉武是汉朝的著名皇帝,也能建功立业。他们的雄才大略都可与祖国江山的雄伟相配,所以在上文只提“多娇”,就显出以上五位君主都配不上了,这就提出批评,成为反封建主义了。“略输文采”,文采本指辞藻才华,这里是说,秦皇、汉武,武功甚盛,文治方面的成就略有逊色。“稍逊风骚”,风骚本指《诗经》里的《国风》和《楚辞》里的《离骚》,后来泛指文章辞采,也含有指文治方面的不足。“天骄”,汉人称匈奴单于为“天之骄子”,指少数民族的首领。他在统一蒙古后称为成吉思汗,即强者的可汗,可汗即君主的意思。“大雕”,大型的猛禽。《史记·李将军列传》里称匈奴中最好的射手为射雕手。“只识弯弓射大雕”,指他只有武功,缺乏文治。这就指出封建最高统治者的不足,不能与“江山如此多娇”相配,这就批判二千年封建主义的一个反动侧面。在这里,由于词的格律的需要,称“秦皇汉武”,是省略格。用“文采”和“风骚”来指文治,为借代格。称元太祖为“一代天骄”是引用格。用“只识弯弓射大雕”来指只有武功,也是借代格。

“俱往矣,数风流人物,还看今朝。”历史上的无数英雄人物都过去了,数一数风流人物,还得看今朝的。“风流人物”,指英俊杰出影响极大的人物,取自苏轼《念奴娇·赤壁怀古》:“大江东去,浪淘尽千古风流人物。”这里指无产阶级的革命英雄。“还看今朝”,即赞美今朝的革命英雄既能建功立业,又有文治,是超过封建时代的最高统治者。

这首词的下片,在批判封建主义的一个反动侧面里就发了议论。词是文学作品,应该通过形象来写的,怎么发议论呢?词里发议论,有什么特点呢?词里写形象,有时对形象作点睛之笔,还是结合形象来说的。如苏轼《水调歌头》:“人有悲欢离合,月有阴晴圆缺,此事古难全。”“此事”即指“人有悲欢离合,月有阴晴圆缺”,结合人和月的形象变化来说,指出“古难全”。这个“此事古难全”是议论,这个议论是结合形象来起到画龙点睛之笔,不同于抽象的议论,是可以用在词中的。再像陈亮《水调歌头·送章德茂大卿使虏》:“尧之都,舜之壤,禹之封,于中应有,一个半个耻臣戎。”这是说,在北方应该有以向金国称臣为可耻的汉人。这是议论,但这样的议论,把北方沦陷区,说成“尧之都,舜之壤,禹之封”,即在尧舜禹时代就属于汉族的领土,今被金国侵占去了。这样就说得具体,就含有反对金国侵占的感情在内,就含有以向异族屈节为耻的感情在内,这样的议论,结合具体的事件,含有强烈的感情,就不同于抽象的议论,是诗的议论。这首词里,列举五个封建最高统治者,加以比较,是结合具体的人物来立论,也不同于抽象的议论。在这个议论中,含有批判封建主义的意思,再有与今朝的风流人物作对比的意思,通过对比,来赞美今天的无产阶级革命英雄,所以不同于抽象的议论,也是诗的议论。

作者自注:“〔雪〕反封建主义,批判二千年封建主义的一个反动侧面。文采、风骚、大雕,只能如是,须知这是写诗啊!难道可以谩骂这一些人们吗?别的解释是错的。末三句,是指无产阶级。”

七律·人民解放军占领南京

钟山风雨起苍黄，百万雄师过大江。
虎踞龙盘今胜昔，天翻地覆慨而慷。
宜将剩勇追穷寇，不可沽名学霸王。
天若有情天亦老，人间正道是沧桑。

1949 年 4 月

这首诗最早发表在人民文学出版社 1963 年 12 月版《毛主席诗词》。

1949 年 4 月 21 日，毛泽东主席和朱德总司令发出《向全国进军的命令》，号令全军坚决、彻底、干净、全部地歼灭中国境内一切敢于抵抗的国民党反动派，解放全中国。中国人民解放军百万大军即在东起江苏江阴、西至江西湖口的一千余里战线上强渡长江，并于 4 月 23 日占领国民党反动政府的首都南京。毛泽东同志在北平香山双清别墅得到占领南京的捷报，心情振奋，写下了这首诗。中央军委将这首诗用电报拍发到前线，给全军指战员以巨大的鼓舞。

“钟山风雨起苍黄，百万雄师过大江。”钟山即紫金山，在南京市东面。“苍黄”同仓皇，状匆忙、急迫。指南京突然受到革命暴风雨的袭击，因为人民解放军的百万大军渡过了长江，占领南京。此前，南京代总统李宗仁派邵力子、张治中等到北平去参加国共和谈，经过半个月的商讨，4月15日，由中共代表团提出《国内和平协定》，4月20日，南京政府拒绝接受。蒋介石苦心经营了三个半月的长江防线，人民解放军只用三天时间就突破长江防线，占领南京，显得非常突然，故称“苍黄”。又苍黄，由青色变为黄色，有变化的意思。所以“起苍黄”，即引起大变化，即指天翻地覆的变化之意。因此这句话是摹状格，描写人民解放军很快占领南京；是借代格，借钟山来代替南京；是比喻格，用风雨来比战争进攻。是双关格，苍黄既指紧迫，又指变化。这一句用了四种修辞手法，又有大气磅礴的气势。

“虎踞龙盘今胜昔，天翻地覆慨而慷。”“虎踞龙盘”讲南京地理形势优异。三国时诸葛亮看到吴国都城建康（在今南京市南）的地势，曾说：“钟山龙盘，石城虎踞，此帝王之宅。”（见《太平御览》一五六引张勃《吴录》）石城即石头城，在今南京市西石头山后。“今胜昔”，人民解放军占领南京后，形势更好了。原来南京是国民党反动政府的首都，反动政府在这里发号施令，危害人民。现在归人民解放军占领，成了为人民服务的大都市，自然胜过从前。人民解放军占领南京，推翻了国民党反动政府，是翻天覆地的大事。这里作“天翻地覆”，因为要与“虎踞龙盘”相对。“慨而慷”，感慨而激昂，指人民解放军终于推翻了国民党反动政府，这时他们和全国人民的心情共同感慨而激昂。本于曹操《短歌行》：“慨当以慷。”这句原来先说“龙盘”，后说“虎踞”，现在把位置倒一下；“天翻地覆”，原来说“翻天覆地”，也把字儿倒一下，这是倒装格，适应律诗格律的需要。“慨而慷”是引用格。

“宜将剩勇追穷寇，不可沽名学霸王。”“剩勇”，剩余的勇力，亦称余勇。《左传·成公二年》：“欲勇者贾余余勇。”指我的勇力还有剩余，要勇力的可以从我这儿买去。这是说应该以剩余的勇力追击穷寇。“穷寇”，走投无路的敌人。《孙子·军争》：“穷寇勿追。”那是指敌我力量相当而言。当时敌人已经溃败，所以要追穷寇，坚决、彻底、干净、全部地歼灭敌人。“沽名”，指猎取名誉。项羽（自封西楚霸王）与刘邦都起兵反秦。刘邦先占据秦都咸阳拒项羽；项羽歼灭了秦兵主力，拥四十万大军入咸阳。他当时为了避免“不义”之名，没有利用优势兵力消灭刘邦，后来反为刘邦所消灭。这里是说应从项羽的失败得到教训，不可为了“和平”的虚名，给敌人以卷土重来的机会。

“天若有情天亦老，人间正道是沧桑。”唐代李贺《金铜仙人辞汉歌》：“空将汉月出宫门，忆君清泪如铅水。衰兰送客咸阳道，天若有情天亦老。”魏明帝派人到长安去，把汉武帝造的铜人承露盘拆下来，要运到洛阳去，盘拆下来，铜人太重，不好运走，相传运铜人出宫门时，只有汉月相照。认为月亮还是汉时的，即别的都属于魏了。铜人感叹汉亡，悲痛流泪。天若有情，看到铜人流泪，天也会愁得变老。这里借用这句话，天若有情，看到国民党反动统治残害人民，也要因痛苦而变得衰老。深受反动派残害的人民，自然要彻底推翻反动统治，这是人间的正确道路。“沧桑”，沧海变为桑田。葛洪《神仙传》：“麻姑谓王方平曰：‘接待以来，已见东海三为桑田。’”讲自然界的变化。这里比喻革命所造成的变化。推翻国民党的反动政府，建立中国共产党为人民服务的政府，这是人间的正道，正像沧海变桑田那样的变化。这里的“剩勇”从“余勇”来，把“余”改为“剩”，大概为了把平声改为仄声，符合律诗的需要。这是改字的引用格。“追穷寇”，从“穷寇勿追”来，这是反其意而用之的引用格，说明作者的引用是有很多变化的。“不可”句引用霸王的故事，也是反其意而用之的引用格。“天若”句是引用格，“沧桑”也是引用格，不过指革命所造成的变化。

这首诗值得注意的是在诗里发议论，“宜将”两句是发议论，这一联当是针对当时有一种“穷寇勿追”论，所以在这里要发议论来驳斥。在短小的律诗里发议论又有什么特点呢？杜甫《咏怀古迹》之五，讲到诸葛亮，中间两联：“三分割据纡筹策，万古云霄一羽毛。伯仲之间见伊吕，指挥若定失萧曹。”沈德潜在《唐诗别裁》里评道：“此议论之最高者，后人谓诗不必著议论，非通言也。”指出这四句是发议论。这是说:诸葛亮筹划通过三分割据来统一天下的策略是纡曲的,评论他的策略。但他又像万古云天中独一的鸾凤,评论他才品之高。他跟伊尹、吕望比在伯仲之间;指挥若定,萧何、曹参都不及他。这几句都是议论,但都不是抽象的议论,一是结合隆中决策,二是结合云中鸾凤,三是结合伊尹、吕望,四是结合萧何、曹参。这样来立论,结合人或事来论,就比较具体。这首诗结合“剩勇”和“穷寇勿追”来立论,在“剩勇”里有春秋时齐将高固说的“欲勇者贾余余勇”的事,在“追穷寇”里针对当时有“穷寇勿追”的议论,这样结合具体的人来立论。“不可沽名”句里结合项羽失败的教训,和有人主张“和平”虚名来立论,也都是结合具体的人事的,不是抽象的议论,所以是诗中的议论。

七律·和柳亚子先生

饮茶粤海未能忘，索句渝州叶正黄。
三十一年还旧国，落花时节读华章。
牢骚太盛防肠断，风物长宜放眼量。
莫道昆明池水浅，观鱼胜过富春江。

1949年4月29日

这首诗最早发表在《诗刊》1957年1月号。

“和柳亚子先生”，“和”，酬和。和有两种，一种是按照作者原韵作诗酬答，一种是不按照作者原韵作诗酬答，这诗是后一种。柳亚子于1949年3月28日作《感事呈毛主席》一诗，这是作者的答诗。柳亚子(1887—1958)，江苏吴江人，早年参加旧民主主义革命，是清末文学团体“南社”发起人和主要诗人之一。旧民主主义革命失败后，继续参加新民主主义革命，与宋庆龄、何香凝等同是著名的国民党左派。1948年1月中国国民党革命委员会成立后，被选为中央常务委员兼秘书长。1949年中华人民共和国成立后,先后当选为中央人民政府委员和全国人民代表大会代表、常务委员会委员。

毛泽东同志这首诗,从他跟柳亚子先生的交往谈起。作者跟柳亚子的交往已有三次:第一次在广州,第二次在重庆,第三次在北京。讲这三次交往,正表达出对柳亚子无限关切的感情。由于这种感情,作者对柳亚子在诗中所发的牢骚,进行规劝。从这里体现出作者对民主人士、也就是对知识分子的政策,帮助知识分子改造思想,提高认识。因此,这首诗的深刻意义是它不局限在对柳亚子的规劝,还含有对所有知识分子的教育作用,体现了对知识分子思想改造的关怀和期望。

要理解作者对柳亚子的规劝,先要从三次交往谈起。第一次在 1925 年到 1926 年,当时作者在广州主持农民运动讲习所,就跟柳亚子有交往,给柳亚子留下难忘的印象。在 1941 年,柳亚子写了一首诗寄给作者,说"云天倘许同忧国,粤海难忘共品茶"。这次交往,作者也说"饮茶粤海未能忘"。"粤海"指广州。作者和柳亚子第二次交往在 1945 年抗战胜利以后。当时,由于中国共产党和中国广大人民坚定地反对蒋介石的内战阴谋,由于美国还顾忌世界民主舆论一致反对蒋介石的内战和独裁,因此,蒋介石不得不做出和平姿态,在 1945 年 8 月 14 日、20 日和 23 日三次电邀毛泽东到重庆进行和平谈判。中国共产党为尽一切可能争取和平,也为在争取和平过程中揭露蒋介石的真面目,以利于团结和教育广大人民,决定由毛泽东、周恩来、王若飞三同志到重庆同国民党进行和平谈判。三位同志在8月28日飞抵重庆,同国民党进行了四十三天的谈判。毛泽东住在曾家岩十八集团军驻渝办事处。柳亚子于8月30日在曾家岩写一首诗给作者:“阔别羊城(广州)十九秋,重逢握手喜渝州。弥天大勇诚能格,遍地劳民战倘休。”推崇作者的大无畏精神,希望作者争取和平的真诚能够感动蒋介石,有可能停止蒋介石所发动的内战。这里反映了一部分民主人士的看法,他们的愿望是善良的,但是他们对作者去重庆谈判的重大意义又是认识不足的。作者曾向民主人士包括柳亚子指出当时的形势:“前途是光明的,道路是曲折的。”(《关于重庆谈判》)帮助他们提高认识。在这段时期里,柳亚子请作者写诗,作者书赠著名的《沁园春·雪》词。那时正是秋天,所以说:“索句渝州叶正黄。”说“叶正黄”,具体地写出秋天的景象。诗人总是善于用具体形象来写,像吴伟业的《圆圆曲》,说“乌臼红经十度霜”,指过了十年,是同样写法。

第三次交往是在1949年。这年2月里,柳亚子在香港,接到作者的电报,邀他到北京去。当时党中央决定迁到北京,改北平为北京,邀请全国各民主党派和无党派民主人士到北京去,准备召开中国人民政治协商会议。柳亚子便和其他民主人士一起在28日动身。那时他非常兴奋地说:“六十三龄万里程,前途真喜向光明。”他和其他民主人士在3月18日经胶东到达北京。到3月25日,毛泽东从石家庄抵达北京。这天夜里,在颐和园益寿堂欢宴,柳亚子回去作了三首诗,歌颂作者道:“中国于今有列斯,万家欢忭我吟诗。”“推翻历史三千载,自铸雄奇瑰丽词。”歌颂人民解放军道:“伫看荼火军容盛,正是东征西怨时。”极力写全国人民对中国共产党和解放军的热爱,盼望解放军快来解放自己,看到解放军东征,西边的人民就怨解放军为什么不快来解放自己。柳亚子就这样歌颂作者,歌颂中国共产党和人民解放军。

毛泽东回想他离开北京已经三十一年了。他在1918年9月间第一次到北京,到1949年再到北京,所以说“三十一年还旧国”。“旧国”指过去的国都,当时国民政府建都南京,称北京为北平。“落花时节读华章”,作者在春末夏初的落花时节读到柳亚子写给他的有文采的诗篇。这是指柳亚子在3月28日夜里作了《感事呈毛主席》的诗,作者是在4月29日上午写这首诗来送给柳亚子作酬答的。

柳亚子的《感事呈毛主席》感叹自己虽有才学,没有受到应有的重视,想等家乡分湖解放后,回乡去隐居。在这首诗里,柳亚子向作者发牢骚。作者针对这种牢骚,指出:“牢骚太盛防肠断,风物长宜放眼量。”认为柳亚子那样发牢骚,会损害健康,对自己是不相宜的。所以有太多的牢骚,是由于眼光看得近,要是把眼光放远点,跳出个人的小圈子,看到全国人民的光明幸福的前途,看到面临全国解放,全国人民即将从被压迫被剥削中解放出来,看到人民革命的伟大胜利,便会欢欣鼓舞,就不会有什么牢骚了,所以“风物长宜放眼量”。“长”是长期,要长期放开眼界去思考,即从远处看,从大处看,把眼界放开,不局限在个人小圈子里,要看到人民的利益。这样,才能培养革命乐观主义精神,提高自己的思想认识。这就是作者对柳亚子的帮助,也是对一切局限在个人小圈子里的人的教导。

最后,作者劝柳亚子不要回乡去做隐士,留在北京参与建国工作比回乡要好得多。“莫道昆明池水浅,观鱼胜过富春江。”不要说北京颐和园的昆明湖里的水浅,在那里观鱼还比富春江好。昆明湖的取名,本于汉武帝在长安穿凿的昆明池,所以这里称“昆明池水”。东汉初年,严光不愿出来做官,隐居在富春江边的钓台那里。这里用富春江来比吴江的分湖,劝柳亚子不要学严光在富春江上隐居,也回到吴江的分湖去隐居。柳亚子读了这首诗,和韵作了两首诗作答:“昌言我拜心肝赤”,“昌言”,正言。感谢作者用正确的话来赤心规劝。又说:“《离骚》屈子幽兰怨,风度元戎海水量。倘遣名园长属我,躬耕原不恋吴江。”柳亚子说作者有海水的度量,并表示接受作者的规劝,不回乡隐居。从这里看到作者对柳亚子的关切和阔大的胸襟。

这首诗,像“饮茶粤海”,用“饮茶”来代替共同品茶是省略格。用“粤海”来指广州,是借代格。“索句”指求诗,也是借代格,借“句”代诗,有自谦之意。用“叶正黄”来指秋天,是运用形象的写法。“肠断”表示有损健康,是比喻格,也是夸张格。“风物”,借景物来比“感事”,是比喻格,用“昆明池”来指“昆明湖”,是借用汉代的昆明池。用“富春江”来比“分湖”是比喻格,又用来指严光隐居的富春江钓台,是引用格。“观鱼”指严光在钓台隐居,因为钓台高数百丈,不可能在钓台上观鱼,只能隐居,因此“观鱼”也可算作借代格。但观鱼实际是指参加政治活动,所以又是比喻格。在这首诗里运用这许多修辞手法,所以耐人寻味。

作者自注:“〔三十一年〕一九一九年离开北京,一九四九年还到北京。〔旧国〕国之都城,不是 state 也不是 country。”

〔附〕柳亚子原诗

七律·感事呈毛主席

开天辟地君真健,说项依刘我大难。
夺席谈经非五鹿,无车弹铗怨冯驩。
头颅早悔平生贱,肝胆宁忘一寸丹!
安得南征驰捷报,分湖便是子陵滩。〔原注〕

〔原注〕

分湖为吴越间巨浸,元季杨铁崖曾游其地,因以得名。余家世居分湖之北,名大胜村。第宅为倭寇所毁。先德旧畴,思之凄绝!

柳亚子先生这首诗，是在1949年3月28日写的。当时，中国人民政治协商会议一切人事安排，大概已经定了。没有给柳亚子安排一个重要位子，他因此写这首诗。“开天辟地君真健，说项依刘我大难。”他称赞毛泽东同志开创建立中华人民共和国，像开天辟地那样真是英雄。“健”，健者，雄才大略的人。《后汉书·袁绍传》：“绍勃然曰：‘天下健者，岂惟董公（董卓）？’”当时正值中央召开政协，据政协委员傅彬然先生说：“柳亚子向毛主席建议，设立国史馆。毛主席不同意。他因说：‘说项依刘我大难。’”“说项”，唐杨敬之诗：“到处逢人说项斯。”指他到处歌颂毛主席。“依刘”，三国时王粲到荆州依附刘表，比他来京依靠毛主席。

“夺席谈经非五鹿”，汉朝时候在讲席上讲经书的人，别人可以驳倒他，夺取他的讲席。像五鹿充宗在讲《易经》，朱云去驳倒他（见《汉书·朱云传》），又如戴凭驳倒许多讲经的学者，夺取他们的讲席（见《后汉书·儒林·戴凭传》）。这是说，我有夺取别人讲经的讲席的本领，不是像五鹿充宗徒具虚名的人，我虽有戴凭、朱云的学识，也无从表现夺席谈经的本领，即自己的才学无从表现，感叹当时没有人能赏识他的才学。“无车弹铗怨冯驩（huān欢）”，战国时，齐国人冯驩去投靠孟尝君田文。田文门下食客分三等：上等坐车，中等吃鱼，下等吃粗饭。冯驩列下等，他弹剑唱：“长铗归来乎，食无鱼。”田文把他列为中等。他又弹剑道："长铗归来乎，出无舆。"田文把他列为上等（见《史记·孟尝君列传》）。"铗（jiá 荚）"，剑，或作剑把。在这里，柳亚子自比冯驩，感叹人民政治协商会议在人事安排上，没有达到他的期望，出外无汽车，所以像冯驩弹铗怨出外无车。

"头颅早悔平生贱，肝胆宁忘一寸丹！"柳亚子在反对蒋介石时，被通缉。但蒋没有悬最高的赏格来通缉他，所以他早已感叹自己的头颅是贱的。但自己胸中怀着对党对作者的一片丹心。"宁忘"，怎能忘记。

"安得南征驰捷报，分湖便是子陵滩。"怎能得到南征的人民解放军传来捷报，已经解放了我的家乡分湖，那我就学严光（字子陵）在富春江上的钓台去隐居。严光隐居在钓台，这里不作"子陵台"而作"子陵滩"，为了押韵改"台"为"滩"。

浣溪沙·和柳亚子先生

一九五〇年国庆观剧，柳亚子先生即席赋《浣溪沙》，因步其韵奉和。

长夜难明赤县天，百年魔怪舞翩跹，人民五亿不团圆。　　一唱雄鸡天下白，万方乐奏有于阗，诗人兴会更无前。

1950 年 10 月

这首词最早发表在《诗刊》1957 年 1 月号。

1950 年 10 月 3 日，怀仁堂举行歌舞晚会，由西南各民族文工团、新疆文工团、吉林省延边文工团、内蒙古文工团联合演出。毛泽东同志和柳亚子先生都参加晚会。毛泽东兴致勃勃地对柳亚子说："这样的盛况，亚子先生为什么不填词以志感呢？我来和。"柳亚子即席赋《浣溪沙》一首，呈送毛泽东。第二天，作者用原韵来奉和。

上片写解放前全国人民在黑暗的反动势力统治下，

过着苦难的生活，一直概括到百年以来的长期黑暗年月，即从鸦片战争到解放前的长期黑暗年月。按鸦片战争，英军入侵在1840年，到这年为一百一十一年，这里说“百年”，据整数说。下片写解放后的光明，全国各民族的大团结。上下两片构成强烈的对比。

上片：“长夜难明赤县天，百年魔怪舞翩跹。”“赤县”指中国，战国时代的驺衍称中国为“赤县神州”（《史记·孟子荀卿列传》），省称“赤县”。中国从鸦片战争以来，一直在黑夜里。从鸦片战争时起，外国资本主义和帝国主义侵略者开始侵入中国。他们和他们的走狗在中国横行霸道，好似群魔乱舞。“翩跹”（piān xiān 偏仙），本指轻快地跳舞的样子，这里指得意横行，全国人民在魔怪的控制下不能团圆。

下片：“一唱雄鸡天下白，万方乐奏有于阗。”李贺《致酒行》：“雄鸡一声天下白。”作者借用李贺的诗句，按照词体的需要稍加改动。更主要的，李贺的“天下白”指天亮，是摹状格。作者的“天下白”，是借天亮来指全国解放，得到光明，是比喻格，含义不同。“万方乐奏”，全国各少数民族文工团都聚集在一起表演音乐歌舞，表示全国各族人民的大团结。“于阗”，1959年改于田，新疆维吾尔自治区西南部县名，这里指新疆文工团哈萨克族演唱的《圆月歌》。这首歌是歌颂毛泽东同志的，所以特别引起柳亚子的注意，把它写进词里。因此，作者在这里提到于阗，借它来代表国内各少数民族的文工团，显示国内各民族的大团结。

这首词，还深刻而含蓄地反映了党和毛泽东同志的民族政策。刘少奇同志《关于中华人民共和国宪法草案的报告》第四部分："一百多年以来，我国各民族，包括汉族和各兄弟民族在内，共同遭受了外国帝国主义的压迫。帝国主义者曾经进行各种阴谋，破坏我国各民族间由于长远的历史而形成的联系，企图实现他们的'分而治之'的侵略政策。"这段话，帮助我们更深入地体会这首词上片的深刻含义。"人民五亿不团圆"，说明在帝国主义和他们的走狗的破坏下，国内各民族不能团结，另一方面启示着，在党的民族政策下，团结国内各民族起来革命，反对帝国主义，推翻反动统治，使国内各民族得到解放，造成全国各民族亲密团结的新局面。因此，代表国内各民族大团结的"万方乐奏"，不能不激起诗人柳亚子的欢欣鼓舞。"诗人兴会更无前"，"无前"，没有再高兴了，说明诗人的兴会最高。这里，不光写出诗人柳亚子的欢欣鼓舞，也包括全国各民族的欢欣鼓舞在内，包括全国各民族的大团结在内。

这首词多用比喻格，如"长夜"比时代的黑暗，"魔怪"比帝国主义侵略者和他们的走狗，"舞翩跹"比他们的横行无忌，"天下白"比时代光明。又用指代格，如"赤县"指中国，又是引用格，引用驺衍说。"于阗"代新疆文工团，诗人指柳亚子。"一唱"句又是引用格，引用李贺《致酒行》中的话，又有改动。"万方"又属夸张格。说明这首词虽属短篇,也运用了不少修辞手法。

〔附〕柳亚子原词

浣溪沙

十月三日之夕于怀仁堂观西南各民族文工团、新疆文工团、吉林省延边文工团、内蒙文工团联合演出歌舞晚会,毛主席命填是阕,用纪大团结之盛况云尔!

火树银花不夜天。弟兄姊妹舞翩跹。歌声唱彻月儿圆。〔原注〕　　不是一人能领导,那容百族共骈阗?良宵盛会喜空前!

〔原注〕

新疆哈萨克族民间歌舞有《圆月》一歌云。

"火树银花"形容灯火之盛,夜里灯火通明,所以是不夜的天。各族文工团的演员男的是弟兄,女的是姐妹。称"弟兄"不称"兄弟"是平仄的需要,这里要用仄平。"舞翩跹",状舞姿轻快,与毛泽东同志一首的状横行得意的稍有不同。这里的"月儿圆",是歌颂毛泽东同志的,所以特别点出。

下片承接上文的"月儿圆",指毛泽东同志领导得好,才能使全国各民族文工团团结聚会。"骈阗"指聚会。良夜的盛会是空前的。这首词，是当场写的，所以只是结合“月儿圆”的歌来歌颂毛泽东同志，显出柳亚子当场填词的水平。

浪淘沙·北戴河

大雨落幽燕，白浪滔天，秦皇岛外打鱼船。一片汪洋都不见，知向谁边？　　往事越千年，魏武挥鞭，东临碣石有遗篇。萧瑟秋风今又是，换了人间。

1954年夏

这首词最早发表在《诗刊》1957年1月号。

北戴河在河北省秦皇岛西面，靠着渤海，是避暑胜地。1954年夏，毛泽东同志来此，写了这首词。上片描写景物，景中含情。下片怀古，也与情景结合，归结到赞美新时代。

上片："大雨落幽燕，白浪滔天"，"幽燕"，古代的幽州和燕国，在今河北省北部及东北部等地。"滔天"，本于《书经·尧典》："浩浩滔天。"形容水势广大要把天都淹盖似的。这是指渤海中的波浪。北戴河有青山，有富丽的建筑，有漂亮的海滨浴场，作者都不写，却写大雨中的渤海,是波澜壮阔的。作者就是喜爱波澜壮阔的景象。“秦皇岛外打鱼船”,作者在大风浪中关心的是劳动人民,关心海上大风浪中的打鱼船。“一片汪洋都不见,知向谁边?”望出去只是一片汪洋大海,别的什么都看不见,打鱼船到哪儿去了呢？这里说明作者对渔民的关心,这是一方面。更重要的,作者是喜欢在大风浪中奋斗的。看到海上起了大风浪,看不到打鱼船怕大风浪而回来,还在风浪中破浪前进,虽不知道它向哪儿去了,但它敢于破浪前进,说明渔民的勇敢精神,这是作者所赞赏的,“知向谁边”里当含有这种赞赏之意。

下片:“往事越千年,魏武挥鞭”,汉献帝建安十二年(207),曹操(死后被尊为魏武帝)北征乌桓族,七月,出卢龙塞。“东临碣石有遗篇”,碣石在卢龙东南,靠渤海。曹操向北进军,出卢龙塞,已在碣石西北,为什么又回头向东南到碣石去呢？因为秦始皇“三十年(前217),始皇之碣石,使燕人卢生求羡门、高誓(两位仙人),刻碣石门”(《史记·秦始皇本纪》)。汉武帝元封元年(前110)十月,“东巡海上至碣石”。历史上的秦皇汉武都到碣石,因此曹操已经到了卢龙塞,离碣石不远,自然要回头南行,再向东到碣石去观海了。曹操在《步出夏门行》的《观沧海》里说:“心意怀游豫,不知当复何从。经过至我碣石,心惆怅我东海。东临碣石,以观沧海。”曹操在出兵时,心里还在犹豫,是南征刘表好,还是北攻乌桓好。他先经过碣石,到东海,即东边的渤海去观海,说明是出兵时经过碣石,不是凯旋时经过碣石,说明碣石在河北省。可见碣石靠渤海边,到碣石可以观海。说“东临”,可见他到了卢龙,再回南向东到碣石去。又说:“秋风萧瑟,洪波涌起。”曹操出征乌桓,“七月,出卢龙塞”。七月正在秋天,说明他“东临碣石”,在出征时去的,不是征乌桓后回师去的。因为《三国志·武帝纪》称曹操征乌桓回师时,注引《曹瞒传》说:“时寒且旱”,“凿地入三十余丈乃得水”。可见曹操回师时已在严冬,不再是“秋风萧瑟”了。本篇称:“东临碣石有遗篇。”“东临碣石”是引用格,引用曹原文。遗篇即指《观沧海》。“萧瑟秋风今又是,换了人间。”“萧瑟秋风”也是引用格,引用曹操的“秋风萧瑟”,加以变动;“换了人间”,就是“数风流人物,还看今朝”。是赞美今朝的无产阶级英雄人物。这里的“换了人间”,是赞美解放后的新社会远胜过去。

从这首词和《菩萨蛮·黄鹤楼》词看,可以看到作者写名胜区景物的词的特点。这样的词,自然离不开写景和怀古。在写景中,作者善于选取阔大而有含义的景物,所以写得形象鲜明而境界开阔。在怀古里,作者善于从中激发革命感情。像从“黄鹤知何去”的怀古里,转到“心潮逐浪高”,写出革命激情的腾涌。像从“魏武挥鞭”的怀古里,转到“换了人间”,对新社会热情赞美。作者的思想感情不是停留在怀古上,也不是局限在个人的得失上,总是从怀古转到当前的革命现实上来。这两首词里的另一特点,就是写得很含蓄,富有余味。像“把酒酹滔滔,心潮逐浪高”，为什么要酒奠大江？心潮为什么涌起？都没有说，可供我们体味。

在“东临碣石有遗篇”里，想到曹操的《观沧海》诗，从“萧瑟秋风今又是”里，想到《观沧海》诗里的话，这里可以再看一下，《观沧海》里究竟说什么？秦始皇到碣石去观沧海，派方士去求仙人，是想望仙人，求长生不死之药。汉武帝也是想求仙人的，那他到碣石去观海，当也是想望仙人。而曹操到碣石去观海，想望什么呢？他说：“水何澹澹，山岛竦峙。树木丛生，百草丰茂。”秦皇汉武去观海，是想望仙人，认为仙人住在海中的仙岛上。曹操也看海中的山岛，只看到山岛耸立，上面树木丛生，百草丰茂，根本没有什么仙人。那么曹操去观沧海，是要破除秦皇汉武的求仙妄想。因此他在《龟虽寿》里指出：“神龟虽寿，犹有竟时。”神龟的寿命虽长，还有穷尽时，可见长生不死是不可能的。所以这里称他“东临碣石有遗篇”，说明这个“遗篇”是进步的，值得一提。

水调歌头·游泳

才饮长沙水,〔作者原注〕又食武昌鱼。万里长江横渡,极目楚天舒。不管风吹浪打,胜似闲庭信步,今日得宽余。子在川上曰:逝者如斯夫!　风樯动,龟蛇静,起宏图。一桥飞架南北,天堑变通途。更立西江石壁,截断巫山云雨,高峡出平湖。神女应无恙,当惊世界殊。

1956 年 6 月

〔作者原注〕

民谣:"常德德山山有德,长沙沙水水无沙。"所谓长沙水,地在长沙城东,有一个有名的"白沙井"。

这首词最早发表在《诗刊》1957 年 1 月号。

1956 年,社会主义改造运动已经接近尾声,毛泽东同志开始认真思考中国的社会主义建设道路问题。从 2 月开始,他用了两个半月时间,向三十四个部门的负责同志作调查,形成了《论十大关系》这篇讲话。后来,他在《十年总结》中回顾说:“前八年照抄外国的经验。但从一九五六年提出十大关系起,开始找到自己的一条适合中国的路线”,“开始反映了中国客观经济规律”。

4 月 25 日和 5 月 2 日,毛泽东在中共中央政治局扩大会议和最高国务会议上,先后两次作《论十大关系》讲话。不久,他便启程南巡,先到广州,又飞抵长沙,随后,又飞往武汉,准备在长江中游泳。

6 月 1 日中午,毛泽东从武昌岸边长江大桥八号桥墩附近下水,时而仰游,时而侧游,至汉口湛家矶江面登船,历时两小时,全程近十四公里。6 月 3 日下午 2 时许,毛泽东再次畅游长江。为了考察建设中的武汉长江大桥,他提议从汉阳鹦鹉洲附近下水,穿过桥墩,游到武昌八大家江面上船。这一次,他游了十四公里。6 月 4 日,他又一次游过长江,从汉阳游到武昌。在畅游长江期间,毛泽东既为长江的宏伟气势所鼓舞,又为祖国日新月异的建设场面所激励,创作了《水调歌头·游泳》这首词(见《背景介绍》)。

上片:“才饮长沙水,又食武昌鱼。”毛泽东是先到长沙,再到武昌的。但他不是简单地讲这次的旅程,却借用三国时代吴国的童谣来加以化用,这就与简单的叙述旅程不同了。《三国志·吴书·陆凯传》称:吴主孙皓要把都城从建业(故城在今南京市)南迁到武昌,老百姓不愿意,有童谣说:“宁饮建业水,不食武昌鱼。宁还建业死,不止武昌居。”当时孙皓迁都，使百姓服劳役。百姓用船运送迁都物资，逆流而上，深感烦苦，所以有这童谣。而事实上，当时作者已经找到了一条适合中国的路线，反映中国客观的经济规律，人民安乐。所以作者对这个童谣，反其意而加以化用，说成“才饮长沙水，又食武昌鱼”了。“长沙水”是长沙有名的白沙井水，武昌鱼是古武昌（今鄂城）樊口的鳊（biān 编）鱼，为著名的团头鳊或团头鲂。通过这样的化用，正表达出作者从长沙到武昌，一路上非常愉悦的心情，也表达了人民的幸福安乐。这是化用的引用格。

“万里长江横渡，极目楚天舒。”写出长江奔流到海的气势，写出横渡长江游泳的壮举。“极目”，用尽目力望去，表示望得远。“楚天”，武昌一带是过去战国时代楚国的地方。“舒”，既写那里的天地空阔，一望无际，感到舒畅；也写出在大江游泳的舒适，这里也表现作者游泳技能的卓越。在长江中游泳，感到舒适，还能观赏开阔的江天。

“不管风吹浪打，胜似闲庭信步，今日得宽余。”在长江里游泳，是有风浪的。作者卓越的游泳技能，可以驾驭风浪，所以“不管风吹浪打”，不把风浪看作一回事。在长江中游泳，胜过在庭院里散步，有一种海阔天空的宽余感觉。在庭院里散步，有院墙围绕，感到局促，不如在大江中游泳感觉宽余。把在风浪中游泳，看得像散步一样，正说明能够驾驭风浪的本领。假如结合作者当时的心情，像作者说的“前八年照抄外国的经验”，那还有个框框，即以外国经验为框子，像在庭院散步那样，有围墙围绕着。“从一九五六年提出十大关系起，开始找到自己的一条适合中国的路线”，打破了“外国经验”的框框，不正是“今日得宽余”吗？这就想到按照客观经济规律来进行建设了。

“子在川上曰：逝者如斯夫！”《论语·子罕》：“子在川上曰：‘逝者如斯夫！不舍昼夜。’”孔子在河边说：“流去的像这样啊！昼夜不停。”朱熹集注：“欲学者时时省察，而无毫发之间断也。”作者在长江里游泳，感到长江的水，不停地向东流去。作者正在领导全国人民，按照中国客观经济规律进行建设，也要不停地前进，这样就自然地跟下片的建设联系起来了。

下片：“风樯动，龟蛇静，起宏图。”“风樯”，是风里的帆樯，即看到张篷的帆船在行驶。“龟蛇静”，指长江两岸的龟山和蛇山，龟山在汉阳，蛇山在武昌，隔江相对，长江大桥的两头就建筑在这两座山上。作者用风樯动来陪衬龟蛇静，一动一静构成对偶，都是眼前的景物。从龟蛇静里自然联系到长江大桥的建筑。“起宏图”，正说明进行宏伟的建设。接着写长江大桥：“一桥飞架南北，天堑变通途。”用“飞架”写出大桥像长虹架空的壮伟形势和建筑的神速。“天堑”，古人以长江为阻隔南北的天然壕沟。“堑（qiàn 欠）”，壕沟。《南史·孔范传》：隋伐陈，孔范向陈后主说：“长江天堑，古来限隔，虏军岂能飞渡？”有了大桥，天堑变成交通大道了。这说明宏图在于改变大自然，使它更有利于人民，这也透露出中国共产党领导中国人民从事社会主义建设的杰出成就。

就“起宏图”说，除了建筑长江大桥外，还有在三峡建筑水库的宏伟计划。“更立西江石壁，截断巫山云雨，高峡出平湖。”再要在长江西段三峡里筑起一道拦河坝，把长江上游的雨水拦住，造成一个水库，即一个大湖。把拦河坝称为石壁，突出它的坚固。巫山在四川巫山县，长江在巫山中经过，那里称为巫峡。巫山有神女峰。《文选》里宋玉《高唐赋·序》里说，楚怀王在游高唐时，梦中见到巫山神女，神女自称：“旦为朝云，暮为行雨。”这里借用这个故事，说明拦河坝可以截断巫山的云雨，使在高峡中出现一个平湖。“神女应无恙，当惊世界殊。”从巫山云雨里，自然引出神女来。这座拟议中的三峡水库，拦河坝极高，有的山可能要被淹没。神女峰比拦河坝更高，料想是不会被淹没的，还是好好的。神女看到高峡出平湖，当惊叹世界变样了。“神女应无恙”的“应”，当作“料想”解，杜甫《遣兴》“衰疾那能久，应无见汝期”便是一例（萧涤非先生说，见 1959 年第 3 期《山东大学学报·读毛主席诗词的几点蠡测》）。“无恙”即没有毛病，好好的。这里借神女来写拟议中水库的宏伟建设。

这首词里的引用格，有化用的，如把童谣的“宁饮建业水，不食武昌鱼”，加以变化，作“才饮长沙水，又食武昌鱼”，经过变化，意思与原来的童谣完全不同了。再像“截断巫山云雨”，“巫山云雨”也是引用格，也是化用，意思跟原来的“云雨”也不同了。也有明引的，如“子在川上曰”两句。这两句含有“自强不息”的用意，与下文的宏伟建设相呼应。最后提到神女，带来了神话色彩，发挥了丰富的想象力。

蝶恋花·答李淑一

我失骄杨君失柳，杨柳轻飏直上重霄九。问讯吴刚何所有，吴刚捧出桂花酒。　　寂寞嫦娥舒广袖，万里长空且为忠魂舞。忽报人间曾伏虎，泪飞顿作倾盆雨。

1957 年 5 月 11 日

这首词最早发表在 1958 年 1 月 1 日湖南师范学院院刊《湖南师院》。

李淑一，当时湖南长沙第十中学语文教员，原来是杨开慧的好友，20 年代就同毛泽东熟识。1950 年 1 月 17 日，她给毛泽东寄去一信，把杨开慧牺牲的情景以及自己的近况告诉他。4 月 18 日，毛泽东回信，深情地说："直荀牺牲，抚孤成立，艰苦备尝，极为佩慰。"1957 年 1 月，《诗刊》创刊号发表毛泽东诗词十八首。李淑一读后，把她在 1933 年悼念丈夫柳直荀的《菩萨蛮》词寄给毛泽东。毛泽东回信给她，称："有《游仙》一首为赠。这种'游仙'，作者自己不在内，别于古之游仙诗。但词里有之，如咏七夕之类。”这时，湖南师范学院学生在李淑一执教的长沙第十中学实习，就写信给作者，请将这首词在院刊上发表。作者复信说：“《蝶恋花》一词，可以在你们的刊物上发表。《游仙》改《赠李淑一》。”1963 年 12 月《毛主席诗词》出版时，改题为《答李淑一》。

柳直荀烈士（1898—1932），长沙人，作者早年的战友。1924 年加入中国共产党，曾任湖南省政府委员、湖南省农民协会秘书长，参加过南昌起义。1930 年到湘鄂西工作，曾任红军二军团政治部主任、三军团政治部主任等职。1932 年 9 月在湖北洪湖革命根据地牺牲。1992 年 4 月 5 日光明日报社主办《文摘报》第 918 期上强剑衷《李淑一为柳直荀查清真实死因》，称柳直荀惨死在王明“左”倾路线的忠实执行者、中共湘鄂中央分局书记夏曦之手。

“骄杨”，指作者夫人杨开慧烈士（1901—1930），长沙人。1921 年加入中国共产党，在中共湘区委员会负责机要兼交通联络工作，后随作者去上海、武汉等地。1927 年大革命失败后，隐蔽在长沙板仓坚持地下工作。1930 年 10 月被国民党反动派逮捕，11 月牺牲。

这首词，上片写两位烈士忠魂到月宫去受到仙人吴刚的殷勤款待。下片写仙人嫦娥为两位烈士忠魂表演歌舞来表示欢迎。两位烈士忠魂听到革命胜利的消息，欢喜得掉下泪来。这首词，表达出作者对两位烈士无限崇敬的心情，也写出了两位烈士的革命精神。

上片:“我失骄杨君失柳,杨柳轻飏直上重霄九。”“骄杨”,当指可以骄傲的杨开慧烈士,她忠于革命、甘于牺牲是值得骄傲的。作者写两位烈士的忠魂轻轻飘扬笔直升上九重天去。“重霄九”,古代神话认为天有九重,指天的极高处。作者想象只有圣洁的月宫才适合于接待两位烈士的忠魂,这是对烈士崇敬的表现。

“问讯吴刚何所有,吴刚捧出桂花酒。”“问讯”兼有问好和询问的意思,是一种有礼貌的询问。(据萧涤非先生说,见前《水调歌头·游泳》“应”字注。如杜甫《重过何氏》:“问讯东桥竹,将军有报书。”)“吴刚”,唐段成式《酉阳杂俎》称他是汉朝西河人,跟仙人学修仙,犯了错误,被罚在月宫里砍桂树。桂树高五百丈,砍下去的斧头刚举起,桂树被砍伤的地方立即长好,因此,他一直在砍。由于吴刚跟桂树的关系,所以说他用桂花酒来待客,也想象吴刚已经从罚作砍桂树的劳役中释放出来,成为月宫的接待贵宾的人员。曹植《仙人篇》:“玉樽盈桂酒。”也以桂酒为仙人饮料。

下片:“寂寞嫦娥舒广袖,万里长空且为忠魂舞。”《淮南子·览冥训》:“羿(yì异)请不死之药于西王母,姮娥窃之奔月宫。”姮娥,后羿妻。汉文帝名恒,汉人改姮为嫦,因称嫦娥。唐李商隐《嫦娥》诗:“嫦娥应悔偷灵药,碧海青天夜夜心。”说嫦娥在月宫里夜夜看到碧海青天的单调景物,不免要感到寂寞,所以说“寂寞嫦娥”。用“寂寞”两字,指嫦娥对忠魂的到来,有很欢迎的意思。郭茂倩《乐府诗集》卷五六《舞曲歌辞》中《霓裳辞》:“一曰《霓裳羽衣曲》。”《唐逸史》曰:“罗公远多秘术,尝与玄宗至月宫。”“仙女数百,皆素练霓衣,舞于广庭。问其曲,曰《霓裳羽衣》。”所以说嫦娥舒展宽大的袖子来舞蹈,来表示欢迎。不在月宫里舞蹈,却说在“万里长空”里舞,这是同下文的“泪飞顿作倾盆雨”有关。倘在月宫里舞蹈,泪飞就不会如“倾盆雨”落到人间了。写嫦娥用舞蹈来欢迎,显得隆重之至。

“忽报人间曾伏虎,泪飞顿作倾盆雨。”从“且为忠魂舞”里点明忠魂,忠指忠于革命。由于烈士忠于革命,所以在天上还关心人间,关心革命,这就紧接“忽报人间曾伏虎”,忠魂忽然听见报道,说人间已经降伏凶暴的虎狼,即指彻底打垮反动派,两位烈士便欢喜得掉下泪来,顿时化作倾盆大雨。

在这首词里,作者写出了对两位烈士的纪念。作者不是用个人的怀念来纪念烈士,是用人民革命的伟大胜利来告慰于烈士的在天之灵。两位烈士为革命而献身,对两位烈士说来,最伟大最宝贵的莫过于他们为之牺牲的革命事业了。把革命的伟大胜利的消息告慰烈士,这是对烈士的最好纪念。这首词结合美的神话来写,云阶月地的月宫是圣洁的,吴刚、嫦娥的神话是美好的,嫦娥的舞蹈更给人以美的想象,用这样圣洁的月宫和美好的仙人来接待烈士的忠魂,表达出作者对烈士无限崇敬的心情,使这首词具有浪漫主义的色彩。这种浪漫主义色彩的作品,在民间文学里也有,如《孔雀东南飞》的末了,就写出:“东西植松柏,左右种梧桐。枝枝相覆盖,叶叶相交通。中有双飞鸟,自名为鸳鸯。仰头相向鸣,夜夜达五更。”再像梁山伯祝英台的悲剧,末了的化蝶也是。这些都是人民对具有忠贞爱情者的美好的祝愿。这首词具有更崇高的革命精神,所以具有的浪漫色彩,更高于民间文学的祝愿了。

最后,再对作者说的“游仙”说一下。游仙诗最早的渊源要追溯到屈原的《远游》。屈原忠于祖国,正道直行,受到坏人的排挤,无处可以控诉,因此幻想自己跟仙人一起远游,天上地下各个遥远的处所,没有不经历到的。后来曹操也写了游仙诗,名《气出倡》,称“东到泰山,仙人玉女下来遨游”,“乃到昆仑之山,西王母侧”,“乃共饮食到黄昏,多驾合坐,万岁长,宜子孙”。按曹操不相信神仙,他写游仙诗,可能希望长寿,来统一中国。曹植有《仙人篇》:“韩终与王乔,要我于天衢。”曹植的游仙,可能在政治上受压制,所以有出世的思想。晋朝郭璞的《游仙诗》,《文选》李善注:“凡游仙之篇,皆所以滓秽尘网,锱铢缨绂,餐霞倒景,饵玉玄都。而璞之制,文多自叙,虽志狭中区,而辞无俗累,见非前识,良有以也。”这里指出游仙诗多讲与仙人餐霞饵玉。郭璞多自叙,有他的特点。如:“左挹浮丘袖,右拍洪崖肩。借问蜉蝣辈,宁知龟鹤年。”讲自己与仙嬉游。这样的游仙诗,作者自己都在内。自己不在内的游仙诗,像秦观的《鹊桥仙》,写七夕牛郎织女相会,如:“纤云弄巧,飞星传恨,银汉迢迢暗度。”作者自己不在内。这一首《蝶恋花》,只是借仙家生活来构成一种高洁美好的情景,来写出作者对烈士崇敬的心情,使传统的游仙诗在作者的笔下出现了一个新的表现。

作者批语:“〔蝶恋花〕上下两韵不可改,只得仍之。”按《蝶恋花》词,上下两片用一个韵,这首词,上片用柳、九、酒一个韵,下片用舞、虎、雨又一个韵,上下片词用了两个韵,所以作个说明。

七律二首·送瘟神

读六月三十日《人民日报》，余江县消灭了血吸虫。浮想联翩，夜不能寐。微风拂煦，旭日临窗。遥望南天，欣然命笔。

绿水青山枉自多，华佗无奈小虫何！
千村薜荔人遗矢，万户萧疏鬼唱歌。
坐地日行八万里，巡天遥看一千河。
牛郎欲问瘟神事，一样悲欢逐逝波。

春风杨柳万千条，六亿神州尽舜尧。
红雨随心翻作浪，青山着意化为桥。
天连五岭银锄落，地动三河铁臂摇。
借问瘟君欲何往，纸船明烛照天烧。

1958年7月1日

这两首诗最早发表在1958年10月3日《人民日

报》。

这两首诗的题目《送瘟神》，是有所仿效的。韩愈有《送穷文》，是送穷鬼的。“送瘟神”与“送穷鬼”相似。送瘟神用“纸船”，送穷鬼“结草为船”，也用仿制的船，亦相似。不过结果不同：韩愈从个人的得失考虑，要送走穷鬼，结果被穷鬼说服，把他留下来。作者则从人民的利益着眼，坚决送走瘟神，这是不同的。这里把危害江南很多地方广大人民的血吸虫称为瘟神。血吸虫，雌雄异体，雌虫纤细如丝，寄生在人的小血管内，在肠壁附近产卵，卵可穿透肠壁，随粪排出，在水中孵出毛蚴，进入中间宿主钉螺体内，发育增殖成许多尾蚴，逸出螺体，遇入水的人畜，即由皮肤侵入体内，成血吸虫病。血吸虫病，曾经广泛流行于我国南方各省。患者到了晚期，面黄肌瘦，腹部严重积水，俗称大肚子病，会造成大量死亡。1955 年冬，毛泽东主席发出“一定要消灭血吸虫病”的号召。第二年，成立中央防治血吸虫病领导小组。1957 年 4 月，国务院发布《关于消灭血吸虫病的指示》。1958 年 6 月 30 日《人民日报》刊登一篇通讯，题为《第一面红旗——记江西余江县根本消灭血吸虫病的经过》。报道说：“江西余江县在全国血吸虫病防治工作战线上插上了第一面红旗——首先根除了血吸虫病，给祖国血吸虫病科学史上增添了新的一页。”

余江县是江西省的重点疫区，在该县有粮仓之称的蓝田坂，近五十年间，有三千多人因患血吸虫病死亡。二十多个村庄被毁,一万四千多亩良田变为荒野。1956年春天,余江县也和全国一样,出现农业合作化高潮,中共余江县委对血吸虫病的防治工作,提出“半年准备,一年战斗,半年扫尾”的计划。有人对此将信将疑。结果,几个月后,组织起来群众,就把产生血吸虫中间宿主钉螺的纵横交错的旧沟洫全部填平,根除了血吸虫的滋生地,又修起新的灌溉网。医护人员也在科学家实验的基础上,探索出新的治疗方法,缩短了疗程。两年以后,原定的目标终于实现。

《人民日报》刊登这条振奋人心的消息时,毛泽东正在景色秀丽的杭州视察。当天,他仔细阅读了这篇通讯,高兴地对工作人员说:好!好!全国都这样那该多好!(《背景介绍》)这个喜讯,使毛泽东感受到人民群众的创造力,高兴得一夜不能入睡。从中看到作者关心劳动群众的生活,看到劳动群众从旧社会遗留下来的苦难里获得新生,这种变化激动着作者的心,因而“浮想联翩”,涌现出来的想象像鸟儿那样轻快地飞舞。晋朝陆机在《文赋》里比拟文思的涌起,称“浮藻连翩”。作者的“浮想”,就成为这两首诗的构思。血吸虫蔓延在江南各地,所以作者“遥望南天”,在和煦的风吹拂着,红日当窗时,写下了这两首著名的诗篇。

“绿水青山枉自多,华佗无奈小虫何!”血吸虫在江南蔓延,江南正是“绿水青山”的好地方。“枉自多”,“枉”,徒然。徒然有很多好地方,都给血吸虫糟蹋了。即使有像三国时华佗那样的名医,也对血吸虫无可奈何,没法对付。“千村薜荔人遗矢,万户萧疏鬼唱歌。”“薜荔(bì lì 必利)”,野生常绿藤本植物。“千村薜荔”,形容村落荒芜了。“矢”,同屎。“人遗矢”,借用《史记·廉颇蔺相如列传》,说赵国名将廉颇被废,到了楚国。赵王想再起用他,派使者到楚国去看廉颇,使者拿了反对廉颇的人的金钱,回来诳报道:“廉颇将军虽老,尚善饭。然与臣坐,顷之,三遗矢矣。”说他一会儿就拉了三次屎。这里指患血吸虫病的人下泻不止,濒于死亡。成千成万户人家变得萧条冷落,大片田地都荒芜了。“鬼唱歌”,本于李贺《秋来》诗:“秋坟鬼唱鲍家诗。”成了鬼的世界,即多少个村庄完全毁灭了。以上四句写旧社会里的人民受到血吸虫病的毒害,是那样使人怵目惊心。

“坐地日行八万里,巡天遥看一千河。”作者利用诗歌技巧可以跳跃的特点,让我们从旧社会的苦难里,一下子跳到光明美好的新社会。郭沫若在《坐地、巡天及其他》(1959年3月4日《人民日报》)里,指出这两句“是说的地球的自转和公转,这点是可以肯定的”。八万里,指地球自转一周,地球的赤道全长四万公里,正合八万里。地球在自转时,同时也在公转,所以作者的想象飞腾,遥看天上的无数星河,即“遥看一千河”。这样的想象飞腾,使我们想起范缜《答曹思文难神灭论》:“明宵(昼夜)结想,坐周天海。”昼夜想象,坐着可以想象到绕天和海一周。“坐地”、“巡天”,正如作者的想象飞腾,想到跟着地球的自转和公转,可以看到天空中无数的星河。萧涤非先生指出:“从全诗的结构来说,这两句是一个转折点,一个关键,同时也是一个飞跃。因为它并没有明白地、直接地说出消灭血吸虫的过程,而是通过描写血吸虫被消灭后的喜悦来透露。但这层意思还是很明白的。”(见《水调歌头·游泳》“应”字注)这两句话,就想象说,虽跟“坐周天海”相似,但这里更含有从黑暗的旧社会的鬼世界,一下子跳入光明的新世界,像“坐地”、“巡天”的想象飞腾。在旧社会的鬼世界内,所能看到听到的只有“鬼唱歌”,而在新社会里,却能具有“坐地”、“巡天”的想象飞腾。在“日行八万里”、“遥看一千河”里,还含有对旧社会改造的飞速前进的意味。《人民日报》的报道说,当时“某些科学技术人员”散布“悲观论调。他们说:‘国民党统治时期搞了二十多年,没有搞出什么名堂,日本搞了几十年也没有把它消灭……难道共产党能赤手空拳把血吸虫病消灭掉?’”有人“断言:‘要把建头村的旧沟填平,消灭钉螺,不等胡子白也得几十年。’可是合作社建立后,这个论调彻底破产了,建头村的人民运用集体力量,在几个月内就填平了全部旧沟,并且修成了一个新的灌溉网”。同一天的《人民日报》社论里说:“余江县的同志说得好:‘苦战二年胜千古。’”这是一个多么神速的飞跃啊!不正像“坐地”、“巡天”的飞跃吗?

“牛郎欲问瘟神事,一样悲欢逐逝波。”从巡天遥看无数的星河中间,自然看到银河边的牛郎。牛郎虽在天上,也关心人间。牛郎要问起血吸虫病的事，过去人民的悲苦与瘟神的欢乐，都像逝水那样一去不复返了。只有消灭了血吸虫病，才能使人民的悲苦和瘟神的欢乐像逝水一样地消逝。这诗的后四句，正写出作者无限喜悦的心情。

第二首："春风杨柳万千条，六亿神州尽舜尧。"这是描写全国人民欣欣向荣的气象，好像在春风吹拂中，杨柳长得非常茂盛。全国人民都成了道德高尚的人。"神州"指中国，《史记·孟子荀卿列传》里驺衍称中国"赤县神州"。儒家称尧舜为圣君。《孟子·告子下》："人皆可以为尧舜。"这里即指六亿中国人都成了圣人。

"红雨随心翻作浪，青山着意化为桥。""红雨"指桃花，李贺《将进酒》："桃花乱落如红雨。"看到桃花乱落像红雨，作者认为这是随着人们的心意翻成红色的波浪，这是象征手法，象征在千百万群众的要求下，到处掀起红色的高潮。这里只是借"红雨"来写出这种形势。"随心"，随着千百万群众的心意。"翻作浪"，转变成为红色高潮。青山不再成为交通的阻碍。"着意"，随着人民的心意。"化为桥"，化作通向社会主义的桥梁。青山怎么会化为通向社会主义的桥梁呢？"天连五岭银锄落，地动三河铁臂摇。"从青山联想到高大的五岭山脉，高到像跟天连接，可是劳动人民在那样的高山上挥动雪亮如银的锄头，在建设山区。这里借五岭来概括全国所有的山区，在山区进行建设。经过建设，山区也成为通向社会主义的桥梁了。从山联系到水,“三河”,旧指黄河、淮河、洛河,这里概括全国所有的河流。劳动人民挥动铁臂来搞水利建设,它的声势之大使大地震动。这样写山区建设和水利建设,虽然没有提到消灭血吸虫病,实际上把消灭血吸虫病也包括在内了。

“春风杨柳”,正指消灭了血吸虫病,全国有无数的村庄获得了新生,具有春风杨柳般的蓬勃生气。在党的领导下,人民提高了觉悟,组织起来消灭血吸虫病,这就是“尽舜尧”,都提高了觉悟。这种觉悟,正指掀起红色高潮,即“红雨随心”一联。“天连”、“地动”也和消灭血吸虫有关。6 月 30 日的《人民日报》社论里说到湖北各城县人民“要‘削山填河,移石补河’,彻底消灭钉螺,根除血吸虫”。“天连”、“地动”的描写,不正可以概括“削山填河,移石补河”吗?在这样的群众运动中,瘟君真的没有立足之地了。“借问瘟君欲何往,纸船明烛照天烧。”用烧纸船、点蜡烛来送走瘟神。

这首送瘟神的诗,联系“春风杨柳”,联系“尽舜尧”,联系“天连”、“地动”,不光是为了消灭血吸虫,也概括了像血吸虫那样丑恶的害人的东西。这些东西,它们在旧社会可以危害甚烈。但在社会主义国家里,在党的领导下,人民提高了觉悟,团结起来,发挥智慧和干劲,不论什么丑恶害人的东西都可以消除掉。这是《送瘟神》二首中所具有的深刻的含义。

最后,说点这两首诗的写作手法。一开头,提出美好的“绿水青山”，跟下文的“千村薜荔”、“万户萧疏”的苦难构成映衬，衬出“小虫”的毒害来。这里引用“华佗无奈”，既是引用格，也是比喻格，比当时的名医，也说无能为力。“人遗矢”再是引用格，引用得极为贴切。“鬼唱歌”也是引用格，引用李贺的诗句而加以变化，变得符合韵律的需要，把“鬼唱诗”变作“鬼唱歌”，是为了押韵。“坐地”一联，运用诗歌的跳跃式，从旧社会一下子跳到新社会，想象飞腾。这里的“八万里”是记实数，“一千河”是夸张格，一实一虚正好作对偶。“春风杨柳”句是摹状格，描写杨柳的茂盛。这句又是起兴，来引起下文。这个起兴又是有含义的，用来指蓬勃生机，就这个意义说，又是婉曲格。“尽舜尧”是变化的引用格，引用“人皆可以为尧舜”而加以变化。作“舜尧”是倒装格，这个倒装是为了押韵。“红雨”是引用格，引用李贺的诗句，又是比喻格，用红雨来比桃花，把“红雨”说成“随心翻作浪”，即把红雨变成红浪，是一种变化的比喻。像“青山”“化为桥”，也是一种变化的比喻。因为“红雨”不能比“浪”，“青山”不能比“桥”，只是经过了变化才可以相比。“天连”一联是互文，即铁臂握银锄，因为铁臂握了银锄才能银锄落，铁臂摇，两者是分不开的。“天连五岭”是夸张格，夸张山的高可接天。“地动三河”也是夸张格，夸张铁臂的力量使大地震动。“银锄”用银色来比锄头磨得雪亮，“铁臂”用铁的坚固来比臂的坚强，都是比喻格。再看这两首诗的中间两联，前一首的第一联写旧社会的苦难，写到“千村”“万户”的情况；后联写在新社会时的想象飞腾，从“坐地”“巡天”两种动作来写，写法不同，所以显得生动而不呆板。一联是现实描绘，一联是主观想象，写法完全不同。第二首的中间两联，前一联“红雨”“青山”写人民群众对它们的想象，想象它们“翻作浪”“化为桥”，后一联具体地写到在治山的“银锄落”，在治水的“铁臂摇”，是具体描绘，写法也不同，也显得生动。再看尾联，引出牛郎，从一千河的银河，来想象牛郎的关心人间的事。称牛郎是引用格，引用牛郎织女的神话故事。“逐逝波”是比喻，比过去的悲欢如逝水流去。第二首的“纸船”是仿拟格，摹仿韩愈的《送穷文》的“结草为船”来的。“照天烧”是夸张格。这样运用多种手法，才使得这两首诗写得形象生动，可供品味。

七律·到韶山

一九五九年六月二十五日到韶山。离别这个地方已有三十二周年了。

别梦依稀咒逝川，故园三十二年前。
红旗卷起农奴戟，黑手高悬霸主鞭。
为有牺牲多壮志，敢教日月换新天。
喜看稻菽千重浪，遍地英雄下夕烟。

1959 年 6 月

这首诗最早发表在人民文学出版社 1963 年 12 月版《毛主席诗词》。

韶山，在湖南省湘潭县，是作者的故乡。1927 年 1 月，毛泽东同志在考察湖南五县农民运动期间，回到韶山，调查了五天。这次考察，他步行一千四百余里，历时三十二天，掌握了大量资料。2 月，他回到武汉，在武昌都府堤四十一号赶写出《湖南农民运动考察报告》，热情讴歌农民运动的伟大创举,批判一些人对农民运动的责难。当时党内以陈独秀为首的右倾机会主义者,不愿意接受毛泽东同志的意见,而坚持自己的错误意见。他们的错误,主要是被国民党反动势力所吓倒,不敢支持已经起来和正在起来的伟大的农民革命斗争。为了迁就国民党,他们宁愿抛弃农民这个最主要的同盟军,使工人阶级和共产党处于孤立无援的地位。1927 年夏季,国民党所以敢于叛变,蒋介石在上海发动“四一二”反革命政变,主要就是利用了共产党这个弱点。5 月,湖南军阀许克祥在省会长沙袭击总工会、农民协会等革命团体,屠杀革命群众,这就是“马日”(旧时用韵目二十一马代替 21 日)事变。当时韶山成立了农民自卫军,拿着枪和梭镖,准备配合其他农民武装力量进攻长沙。后来反动军队大举进攻韶山,农民自卫军在英勇抵抗后失败。

作者在 1959 年 6 月 25 日至 27 日重返韶山,离 1927 年 1 月已经三十二年多。作者重访旧居,又在招待所邀集为革命作过贡献的老人座谈,请他们吃饭。他见到韶山党支部第一任书记毛福轩烈士遗孀贺菊英老人,深情地说:“毛福轩是个好同志。他为革命牺牲,很光荣。”就餐时,他举杯道:“离开韶山几十年了,今天请大家吃餐便饭,敬大家一杯酒。”(见《背景介绍》)

“别梦依稀咒逝川,故园三十二年前。”唐时张泌的《寄人》“别梦依依到谢家”,依依不舍的意思。“依稀”,仿佛可辨。“逝川”,见《水调歌头·游泳》“逝者如斯夫”

释，指时光如逝去不返的流水，“咒逝川”，诅咒逝去的时光。过去的时光像别去的梦境仿佛可辨。这里用了引用格。“别梦依稀”是从“别梦依依”转化而来，“逝川”是从“子在川上曰：‘逝者如斯夫’”压缩而来，这里又用了节缩格。“故园”，指故乡韶山，已经相隔三十二年了。

“红旗卷起农奴戟，黑手高悬霸主鞭。”毛泽东同志《湖南农民运动考察报告》：“（一九二六年）十月至今年一月为第二时期，即革命时期。农会会员激增到二百万，能直接领导的群众增加到一千万。”“于是在四个月中造成一个空前的农村大革命。”“建设农民武装另有一个新的方面，即农会的梭镖队。梭镖——一种接以长柄的单尖两刃刀，单湘乡一县有十万枝。其他各县，如湘潭、衡山、醴陵、长沙等，七八万枝、五六万枝、三四万枝不等。凡有农民运动各县，梭镖队便迅速地发展。”“农奴戟（jǐ几）”，“戟”，古代的一种长柄有尖刃的刺杀武器，这里代指梭镖。革命农民，在革命起来前是农奴。红旗是革命的大旗，是农民革命运动的标志，是在共产党的正确领导下的农民革命运动的标志；只是由于党内以陈独秀为首的右倾机会主义者，抛弃农民这个最主要的同盟军，使农民运动得不到党的领导，这才造成“黑手高悬霸主鞭”。“黑手”跟“红旗”相对，指反革命的血腥魔掌，像湖南军阀许克祥进攻韶山，屠杀革命群众。“霸主鞭”与“农奴戟”相对，正指反革命武装。

“为有牺牲多壮志，敢教日月换新天。”在反革命的黑手镇压下,农民的革命失败了。但像在《菩萨蛮·黄鹤楼》词中的作者自注:“八月七日,党的紧急会议,决定武装反击,从此找到了出路。”党决定武装反抗,即是多壮志,敢于斗争,敢于革命,敢于争取胜利,革命终于取得胜利,使日月改换了一个新天,换成了新社会。使日月改换新天,这是拟人化手法。用“新天”来比新社会,这是比喻格。

“喜看稻菽千重浪,遍地英雄下夕烟。”看到过去的农奴现在成了劳动英雄,他们的劳动果实都告丰收在望,在晚风中成为千重的波浪。这里极力写庄稼的茂盛。在夕阳中农家煮晚饭的炊烟升起时,遍地的劳动农民收工了。

这里的“红旗卷起”指红旗翻卷中起来了农民革命。“戟”指梭镖,是借代格。“黑手”,指反革命魔掌,是借用格。“霸主鞭”指反革命武器,也是借用格。“为有”一联意思联贯而下,是流水对,成为革命的格言,具有极大的教育作用。

七律·登庐山

一山飞峙大江边，跃上葱茏四百旋。
冷眼向洋看世界，热风吹雨洒江天。
云横九派浮黄鹤，浪下三吴起白烟。
陶令不知何处去，桃花源里可耕田？

1959年7月1日

这首诗最早发表在人民文学出版社1963年12月版《毛主席诗词》。

1959年6月28日，毛泽东同志离开了故乡韶山，到了江西省的九江。在这首《登庐山》前曾有个小序："一九五九年六月二十九日登庐山，望鄱阳湖、扬子江，千峦竞秀，万壑争流，红日方升，成诗八句。"这个小序，后来被作者删去（见《背景介绍》）。这个小序，说明这首诗作于1959年庐山中央政治局扩大会议以前。在会议以前，毛泽东有什么想法呢？1959年4月29日他写了《党内通讯》，"为纠正农村工作中的高指标、瞎指挥、浮夸风等错误倾向而写的一封信”(见《毛泽东著作选读》注)。可见毛泽东在庐山中央政治局扩大会议前写的这首诗,他想纠正的就是《党内通讯》中所说的一切,应该结合《党内通讯》来理解这首诗。

“一山飞峙大江边,跃上葱茏四百旋。”“一山”指庐山,庐山在江西省九江市,屹立在长江和鄱阳湖之间。“葱茏”,指草木青翠茂盛,这里指山上的草木茂盛。庐山登山公路,建成于1953年,全长三十五公里,盘旋近四百转。这里把静止的庐山,说成“飞峙”,正像作者在《十六字令》里写山势的绵延起伏,比“倒海翻江卷巨澜”,也把静止的众山绵延起伏,看成飞动的巨澜一样,所以称“一山飞峙”。说明庐山不仅在长江边拔地而起,还像飞起来似的。因此坐汽车从盘山公路上去,好像跃上山去似的,写汽车行驶的快速,经过四百次的盘旋登上山顶。

“冷眼向洋看世界,热风吹雨洒江天。”作者登上庐山,不是游山玩水,是要在庐山上召开中央政治局扩大会议,因此要考虑在会议上的对外对内问题。在对外,要冷静地向外洋观察世界的情势来作出判断。当时,“中苏两党在意识形态上的分歧,已进一步导致国家关系的恶化。……面对大国的压力”,作者“表达中国人民藐视一切困难,自力更生,发奋图强的决心”(见《背景介绍》)。冷静地观察世界,不怕给我们加上压力。对国内说,作者在4月29日写的《党内通讯》,要纠正农村工作中的高指标、瞎指挥、浮夸风等错误倾向。这些错误的造成,都由于干部的头脑发热，形成一时的风气，影响到全国各地，正如“热风吹雨洒江天”。这句实际上是比喻，比喻农村干部的头脑发热，吹起热风，影响全国各地。因为如《背景介绍》指出的，这首诗的前面原有一篇小序，小序指出作者登庐山那天“红日方升”，并无雨，所以“热风吹雨”，当指干部头脑发热的风气造成洒遍江天的雨，即高指标、瞎指挥、浮夸风造成的危害，要加以纠正。

“云横九派浮黄鹤，浪下三吴起白烟。”“九派”见《黄鹤楼》词的“茫茫九派流中国”，指武汉一带的长江由几派的水汇合。即向西望去，看到云横在武汉市上空，有黄鹤飞在云上。作者在《黄鹤楼》词里说“黄鹤知何去”，黄鹤知道它飞到哪儿去了，黄鹤早不见了，可是有些干部还说，黄鹤浮在云上，这只是想象，农村干部的高指标，说亩产万斤粮等，不等于说看到黄鹤浮在云上吗？“三吴”，古代指江苏南部、浙江北部的某些地区，泛指长江下游。站在庐山顶上，说可以看到江苏南部、浙江北部地区在“起白烟”，这不也是想象吗？这不也和《党内通讯》所指出的农村工作中的种种毛病一样吗？

“陶令不知何处去，桃花源里可耕田？”陶渊明（365—427），东晋诗人，做过彭泽令，故称陶令。他家就住在庐山附近，他的《饮酒》之五说：“采菊东篱下，悠然见南山。”南山即庐山。所以作者登上庐山，想到陶渊明。陶渊明写了《桃花源记》，他把桃花源说成是与世隔绝、过着和平而没有剥削生活的一个农村。这是说，陶渊明是历史上的人物，早已过去了。现在的农村，和平而没有剥削，不正像陶渊明所向往的桃花源吗？可是像《党内通讯》所指出的，当时的农村工作中却有高指标、瞎指挥、浮夸风种种毛病。《党内通讯》说："爱讲假话的人，一害人民，二害自己，总是吃亏。应当说，有许多假话是上面压出来的。上面'一吹二压三许愿'，使下面很难办。"因此上面的干部，可以到桃花源里去耕田吗？可以到农村里去亲自体验生活吗？那样高指标、瞎指挥、浮夸风就都可以得到纠正了吗？《党内通讯》说："以上六件事（主要指高指标、瞎指挥、浮夸风等问题），请同志们研究，可以提出不同意见，以求得真理为目的。"这是请同志们研究的，所以用一个"可"字，即可否下去亲自体验一下农村生活，表示商量的口气。

那么作者把这首诗的小序删了，为什么呢？《背景介绍》说："在这次庐山中央政治局扩大会议上，毛泽东确定的基调是总结经验、纠正错误。然而，从 7 月 14 日彭德怀给毛泽东写信开始，在中央内部引发出一场激烈的争论，出乎毛泽东的意料。随即，毛泽东决心发动对以彭德怀为代表的所谓'右倾机会主义'的批判，使会议的主旨，由纠'左'而变为反右。"小序含有纠"左"的意味，就不得不删了。

七绝·为女民兵题照

飒爽英姿五尺枪，曙光初照演兵场。
中华儿女多奇志，不爱红装爱武装。

1961年2月

这首诗最早发表在人民文学出版社1963年12月版《毛主席诗词》。

《背景介绍》称："民兵制度在毛泽东人民战争思想中，占有极其重要的地位。它起源于第一次国内革命战争时期。""在长期的革命斗争中，逐步形成为野战军、地方军、民兵三结合的人民武装力量体制。""毛泽东十分重视民兵建设。早在抗日战争刚刚爆发时，他就提出'武装民众实行自卫'的号召。"1958年8月29日，他在北戴河中央政治局扩大会议上讲话，提出："必须在全国范围内把能拿武器的男女公民武装起来，以民兵组织形式，实行全民皆兵。"在这里，毛泽东提出了女民兵来。这首诗的题目《为女民兵题照》，点明"女民兵"，是符合他要组织女民兵的要求,所以写诗来赞美。

“飒爽英姿五尺枪,曙光初照演兵场。”“飒爽”,形容敏捷勇健。杜甫《丹青行》:“褒公鄂公毛发动,英姿飒爽来酣战。”英姿飒爽本是赞唐代大将殷志元、尉迟敬德的,这里用来称女民兵,更显示作者对女民兵的赞美。加上“曙光初照”,说明天刚亮,女民兵就在演兵场上操练,更难能可贵。

“中华儿女多奇志,不爱红装爱武装。”钟嵘《诗品》评张华诗:“恨其儿女情多,风云气少。”儿女本指儿女情多说的,这里指出今天的中华儿女,已经多奇志了,这个奇志,即有革命的志向,具体表现是“不爱红装爱武装”了。

这首诗“飒爽英姿”是引用格,由于这首诗是仄起,所以把杜诗的“英姿飒爽”改作“飒爽英姿”。“儿女”本指儿女情的,这里用来题女民兵,即女儿,称儿女,因这里要用仄仄或平仄,所以称儿女。“不爱红装爱武装”,这句好在用复叠格,一句之中用两个“爱”字和两个“装”字,更具有音节之美。

七律·答友人

九嶷山上白云飞，帝子乘风下翠微。
斑竹一枝千滴泪，红霞万朵百重衣。
洞庭波涌连天雪，长岛人歌动地诗。
我欲因之梦寥廓，芙蓉国里尽朝晖。

1961 年

这首诗最早发表在人民文学出版社 1963 年 12 月版《毛主席诗词》。

据董志英编《毛泽东轶事》介绍，这首诗原题是《答周世钊、李达、乐天宇同志》，后改题《答友人》，友人当指他们三人，他们都是毛泽东早年的友好（以上见罗德龙文）。1960 年，乐天宇教授与周、李等同去湖南九嶷山考察香杉和斑竹的生长情况，登上了三分石，返京后，乐写了一首《咏三分石》的七言古诗，另附斑竹一段，送给毛泽东。周送了一件九嶷山产物和一幅内有蔡邕文章的墨刻。李送了两枝斑竹毛笔和一首咏九嶷山的诗。这就是毛泽东写作《七律 · 答友人》的缘起。1961 年 12 月 26 日，毛泽东六十八岁生日给周世钊的信中，在引用了“秋风万里芙蓉国，暮雨千家薜荔村”，“西南云气开衡岳，日夜江声下洞庭”两联之后说：“同志，你处在这样的环境中，岂不妙哉?”这同样表达了作者的思乡之情（见《背景介绍》）。

“九嶷山上白云飞，帝子乘风下翠微。”九嶷山又名苍梧山，在湖南省南部宁远县城南六十里。古代传说，尧帝有二女，名娥皇、女英，同嫁舜帝，舜南巡死于苍梧，即葬其地，二妃寻舜至湘江，悼念不已，泪滴竹上而成斑点，称为湘妃竹。“帝子”，即指尧的二女，古亦称女为子。“翠微”，轻淡青葱的山色，指未及山顶的高处。这两句说，九嶷山上的白云在飞，尧的二女乘风从半山里下来。首句是有所本的，是从友人送的蔡伯喈《九嶷山铭》里来的。《全后汉文》有蔡邕的《九嶷山碑》，当即是《九嶷山铭》，“碑”可能是“铭”字之误。那篇文章说：“岩岩九嶷，峻极于天。触石肤合，兴播建云。”《公羊传 · 僖公三十一年》：“山川有能润于百里者，天子秩（按次序）而祭之。触石而出，肤寸（古以一指宽为寸，四指宽为肤）而合，兴播建云。”指山川的水气起来，碰到石头，结合成云。这就是“九嶷山上白云飞”的所本，“兴播建云”，即“白云飞”。帝女从半山上下来，写帝女下来，为了联系“斑竹一枝”。“斑竹一枝”与九嶷山何关，因为乐天宇送给作者是九嶷山上的斑竹，故既可联系九嶷山，又可联系帝女。

“斑竹一枝千滴泪，红霞万朵百重衣。”上句讲帝女从半山下来，应该接“红霞万朵百重衣”。李白《清平调》：“云想衣裳花想容。”这红霞万朵百重衣，正是帝女所穿的衣。本当先讲红霞，后讲斑竹，这里先说斑竹，后说红霞，先后的位置倒一下，正是《管锥编》66 页讲的“丫叉”句法。这样倒一下的写法是很多的。这两句既联系帝女，有斑竹、有红霞衣，又有新义，即“斑竹一枝千滴泪”指旧社会的苦难，“红霞万朵百重衣”，指新社会的幸福。这种幸福应归功于党。这种思想又与《九嶷山铭》有关。铭文接着说：“时风嘉雨，浸润下民。芒芒（广大貌）南土，实赖厥勋。建于虞舜，圣德光明。”这是说，九嶷山的云兴起，成为好雨，使广大的南方百姓受到好处，实际是依赖舜的功勋，即归功于舜。那么这首诗讲旧社会的苦难，新社会的幸福，即归功于党，跟《九嶷山铭》的归功于舜帝相似，不过更具有高度的思想性。

“洞庭波涌连天雪，长岛人歌动地诗。”这联承接“红霞”句，新社会的幸福生活从哪儿来的呢？“长岛人歌动地诗”，“长岛”，指长沙湘江中的橘子洲，见《沁园春·长沙》。长岛人指湖南人。湖南人唱出震动大地的诗。“动地”本于李商隐《瑶池》诗“黄竹歌声动地哀”，动地本指哀歌，因为黄竹地方有冻死的人，所以人们发出哀歌。这里承接“红霞万朵百重衣”，指新社会人民幸福，这“动地诗”指人民唱出有冲天干劲的革命诗歌，这种冲天干劲，有如洞庭湖的波涛涌起的白浪可以与天相接，“雪”指白浪。如苏轼《念奴娇·赤壁怀古》：“惊涛拍岸，卷起千堆雪。"这里承接"红霞"句来,应该先讲人民的冲天干劲,造成人民幸福,再讲这些干劲像洞庭湖的波浪,这里先讲洞庭湖的波浪,也是"丫叉"句法。

"我欲因之梦寥廓,芙蓉国里尽朝晖。"李白《梦游天姥吟留别》"我欲因之梦吴越",这里借用,因作者向往的是家乡湖南,所以"梦寥廓","寥廓"指广阔的地方。"芙蓉国",五代谭用之《秋宿湘江遇雨》:"秋风万里芙蓉国,暮雨千家薜荔村。"芙蓉指木芙蓉,秋天开花。"芙蓉国"指湖南,湖南清晨的阳光普照,写出湖南省的光明。

这首诗写"九嶷山上白云飞",暗用蔡邕《九嶷山铭》。"帝子"用《楚辞·九歌·湘夫人》"帝子降兮北渚"。都是引用格,一是暗用,一是明用。"斑竹"本于梁代任昉《述异记》,也是引用格。"红霞"句当本于李白《清平调》而加以变化。"连天雪"以雪比浪花,属比喻格。"动地诗"本于李商隐《瑶池》诗,是反其意而用之,属反用。"我欲"句是借用而有变化。"芙蓉国"是引用格,借指湖南,又属借代格。

七绝·为李进同志题所摄庐山仙人洞照

暮色苍茫看劲松，乱云飞渡仍从容。

天生一个仙人洞，无限风光在险峰。

1961 年 9 月 9 日

这首诗最早发表在人民文学出版社 1963 年 12 月版《毛主席诗词》。

1961 年 8 月 23 日到 9 月 16 日中共中央在庐山开工作会议，贯彻“调整、巩固、充实、提高”八字方针，使国民经济走出低谷。毛泽东同志主持了这次会议。从 1959 年到 1961 年，我国国民经济面临严重困难。1960 年 8 月，中共中央实行八字方针后，到这时，国民经济走出低谷。

同一时期，我国在外交上也面临不利的局面，苏联将意识形态的分歧逐步扩大，由两党间的争论变为政治对立和经济遏制。毛泽东镇定自若，认为威胁也好，封锁也罢，真正受到孤立的终将是他们自己（见《背景介绍》）。

仙人洞，在庐山佛手岩下，牯岭之西，高约两丈，深广各三四丈。传为唐朝仙人吕洞宾所居，故名。李进即江青。

“暮色苍茫看劲松，乱云飞渡仍从容。”仙人洞外有一棵苍松，洞的左前方有一巨石，上刻“纵览云飞”四大字。“苍茫”，指迷茫。作者在黄昏时迷茫的景色中，面对苍松和“纵览云飞”的题字，触景生情，称苍松为“劲松”，下一“劲”字，赞美苍松的遒劲挺拔。在这里纵览云飞，称“乱云”，用一“乱”字，说明这些云是缭乱的。结合劲松，看到在“乱云飞渡”中挺立着，意态从容，安定自得。这是写景，是摹状格，是在描写景物；但景中含情。对于外来的威胁也好，封锁也罢，不过如乱云罢了。对于劲松，还是从容镇定，毫不动摇。这里表达了对外来势力的蔑视。

“天生一个仙人洞，无限风光在险峰。”“仙人洞”是天生的，是自然形成的。它具有无限风光，领略它的无限风光，一定要登上险峰，这也是摹状格，描写仙人洞的形势。但即景生情，也不限于写景。说明要领略美好的无限风光，一定要攀登险峻的山峰。马克思《〈资本论〉第一卷法文版序言》：“只有不畏劳苦沿着陡峭山路攀登的人，才有希望达到光辉的顶点。”这两句诗具有深刻的教育作用。结合当时的革命形势来说，当时我国的国民经济面临严重困难，在对外关系上也面临不利的局面，这也像经历到一个险峰。只有敢于革命，敢于斗争的人，胜利地战胜了这个险峰，才能领略革命的无限风光。毛泽东在《关于正确处理人民内部矛盾的问题》里说:“在社会主义事业中,要想不经过艰难曲折,不付出极大努力,总是一帆风顺,容易得到成功,这种想法,只是幻想。”可见要取得社会主义建设中的胜利,也要经过艰难曲折,这就是在社会主义建设中的险峰,登上了这个险峰,才能领略到社会主义的无限风光。因此,这首诗具有极深刻的思想性。

七律·和郭沫若同志

一从大地起风雷，便有精生白骨堆。
僧是愚氓犹可训，妖为鬼蜮必成灾。
金猴奋起千钧棒，玉宇澄清万里埃。
今日欢呼孙大圣，只缘妖雾又重来。

1961年11月17日

这首诗最早发表在人民文学出版社1963年12月版《毛主席诗词》。

从50年代后半期起，中国共产党同苏联共产党在对待战争与和平、和平过渡、和平竞赛以及社会主义道路等重大问题上，逐步产生严重的意见分歧。从1960年6月24日到26日，在罗马尼亚首都布加勒斯特举行的社会主义国家共产党和工人党代表会议上，到11月，在莫斯科举行的八十一国共产党、工人党代表会议上，苏共代表团同中共代表团发生激烈争论（见《背景介绍》）。

1961年10月间，浙江省绍剧团在北京演出《孙悟空三打白骨精》，是根据《西游记》第二十七回白骨精故事改编的，郭沫若看过戏，作了一首诗，借以反对当时所说的现代修正主义。作者不同意郭诗敌视被白骨精欺骗的唐僧的看法，写了这首诗。郭读后表示接受作者的意见。郭沫若（1892—1978），四川乐山人，当代著名的文学家和历史学家。

“一从大地起风雷，便有精生白骨堆。”自从大地上兴起了风雷，指革命，就有妖精从白骨堆里生出来。“风雷”，《周易·说卦》：“动万物者莫疾乎雷，挠万物者莫疾乎风。”风和雷是推动万物变化的巨大力量，这里比作革命。“精”，妖精。《西游记》第二十七回“尸魔三戏唐三藏，圣僧恨逐美猴王”，写唐僧到西天去取经，在路上碰到白骨精。白骨精先后变成美女、老妇、老翁，三次想引诱唐僧进入魔窟，孙悟空三次认出他们是妖精，用金箍棒来打，妖精三次逃跑了。唐僧错认为孙悟空三次打死了三个人，把他赶走。孙悟空一走，唐僧被白骨精捉去。猪八戒把孙悟空请回来，消灭了白骨精，救出了唐僧。唐僧与孙悟空重新和好。

“僧是愚氓犹可训，妖为鬼蜮必成灾。”“僧”即唐僧，为唐代高僧玄奘，曾去印度研究佛学，取经文回来，大量翻译佛经，民间流传唐僧取经的神话传说，明代吴承恩编成小说《西游记》。《西游记》里写唐僧把白骨精变的美女、老妇、老翁都当作好人，所以称他为愚氓（méng 蒙），即愚蠢的人。但他后来觉悟了，还和孙悟空和好，还是可以教育的，即不是敌人。妖精虽然变成美女、老妇、老翁，但是鬼蜮，即害人的鬼怪。“蜮(yù育)”，传说中的一种害人虫，一定会成为祸害。

“金猴奋起千钧棒，玉宇澄清万里埃。”“金猴”，指孙悟空。《西游记》写他被太上老君投入八卦炉烧了四十九天，炼成铜头铁臂，火眼金睛，所以称金猴。“千钧棒”，指孙悟空的金箍棒。“钧”，三十斤为一钧。《西游记》说孙悟空的金箍棒重一万三千五百斤，可以缩小成绣花针。孙悟空有金箍棒来扫尽妖雾，使天空澄净成为玉宇，万里长空的微尘都被澄清了。

“今日欢呼孙大圣，只缘妖雾又重来。”“孙大圣”，即孙悟空，他曾自称“齐天大圣”，与玉皇大帝对抗。“缘”，因为。因为妖雾又再来了，所以欢呼孙悟空来扫荡妖雾。

〔附〕郭沫若原诗

七律·看《孙悟空三打白骨精》

人妖颠倒是非淆，对敌慈悲对友刁。
咒念金箍闻万遍，精逃白骨累三遭。
千刀当剐唐僧肉，一拔何亏大圣毛。
教育及时堪赞赏，猪犹智慧胜愚曹。

这首诗说唐僧把人和妖精看颠倒了，他把白骨精变的美女、老妇、老翁看作好人，把孙悟空那个好人看作打杀好人的妖怪，把是非混淆了，把是当作非，把非当作是。对白骨精那样的敌人是慈悲的；反而去打击孙悟空，对孙悟空那样的友人百般刁难。咒念“金箍”，应作“紧箍”。《西游记》第四十二回，说观音菩萨有个“紧箍咒”，把“紧箍”做成帽子，让孙悟空戴上，再也除不下来。孙悟空不听话时，唐僧就念起紧箍咒来，他就头痛得不得了，不得不服从。孙悟空打了白骨精变的美女、老妇、老翁，唐僧认为他打杀了好人，就念紧箍咒来处罚他。说唐僧念了万遍紧箍咒，对孙悟空作了最大的惩罚，使白骨精逃脱了三次。因此对唐僧应当千刀万剐。孙悟空拔一根毫毛去救唐僧，有什么损失呢？加以及时教育还是好的，猪八戒还是聪明的，胜过愚蠢的唐僧。

毛泽东同志看了郭沫若的诗，认为唐僧是可教育的受蒙蔽的中间派，应该采取团结、教育、争取的方针，不应当简单粗暴地把他推向敌人一边。郭沫若看到了毛泽东的和诗，即用原韵和了一首，毛泽东看了说：“和诗好，不要‘千刀当剐唐僧肉’了，对中间派采取了统一战线政策，这就好。”

卜算子·咏梅

读陆游咏梅词，反其意而用之。

风雨送春归，飞雪迎春到。已是悬崖百丈冰，犹有花枝俏。　　俏也不争春，只把春来报。待到山花烂漫时，她在丛中笑。

1961年12月

这首词最早发表在人民文学出版社1963年12月版《毛主席诗词》。

1960年6月，在罗马尼亚首都布加勒斯特召开共产党和工人党代表会议，苏共代表团和中共代表团发生激烈争论。会后，苏联撤走在华的全部专家，撕毁几百个协定和合同，停止供应重要设备。当时，以美国为首的西方国家一直对华经济封锁。苏联的严重措施，实际上断绝了我国从国外获取先进技术装备的正常渠道。与此同时，我国正处在建国以来的三年困难时期，正经历着前所未有的严峻考验。

在严重困难面前,毛泽东同志始终保持着中华民族大无畏的气概,顶住了大国沙文主义的压力。中国人民独立自主、自力更生的精神,赢得了普遍的赞誉。毛泽东这首词,艺术地再现了中华民族和中国共产党人的这种气概。

1961 年 12 月,毛泽东在广州,为即将召开的中共中央扩大的工作会议做准备。他读了陆游的《卜算子 · 咏梅》,不甚满意词中表现出的孤芳自赏、凄凉抑郁的情调,因而“反其意而用之”,写了这首词(见《背景介绍》)。

陆游(1125—1210)字务观,号放翁,山阴(今浙江绍兴)人。南宋爱国的大诗人。他生在封建统治阶级向外来侵略势力委曲求和的时代,爱国抱负不为时用,晚年退居家乡。他在《咏梅》词中表现出孤芳自赏、凄凉抑郁的调子。本词用陆游原调原题,但情调完全相反,所以“反其意而用之”。

“风雨送春归,飞雪迎春到。”这两句是对偶格。“送春”与“迎春”相对。在一送一迎里,含有深刻的思想,这是婉曲格。春光是明媚的,“送春归”,送美好的春光归去,不正含有我国在社会主义建设中,陷入困难吗? 又来了“迎春”,不又在迎接美好的春光到来吗? 在作者看来,春光归去以后,虽有困难,在困难中已看到转机,已在准备迎春了。但这个迎春,是要经历一个艰苦的时期,是在飞雪中迎春的。这个飞雪,不是一般的飞雪,是极严寒的飞雪。

“已是悬崖百丈冰，犹有花枝俏。”这个严寒达到悬崖百丈冰的程度，说明艰苦到极点。作者看到悬崖百丈冰的一面，对严寒有了正确的认识，但作者不光看到严寒的一面，不光看到艰苦困难的一面，还看到“犹有花枝俏”的一面，看到还有俏丽的梅花在开放，梅花的开放是来报春，说春天来了。这样两方面都看到，既看到艰苦困难的一面，又看到梅花来报春的一面，就能战胜艰苦困难，迎接胜利。在这里，既写出作者在极度艰苦困难中看到美好春天的到来，也引导人民去战胜困难，迎接胜利。这也教导人民怎样去辩证地看问题，既要看到“悬崖百丈冰”，也要看到“犹有花枝俏”，这才能战胜困难，迎接胜利。

下片：“俏也不争春，只把春来报。”这两句既是写梅花，也是写革命者。梅花的冲寒开放，显得俏丽，它不是为了与百花争艳，争夺春光，只是来报春，说春光快来了，使人们有战胜严寒的勇气，这正如革命者只给人们指示革命胜利的到来，领导人民去克服困难，别无个人的打算。从这里指出梅花品格之高，指出革命者的崇高品格。

“待到山花烂漫时，她在丛中笑。”“烂漫”，指光彩焕发，景色绚烂。到了百花盛开的时候，梅花在花丛中笑，并不同百花争艳。这里不光指梅花，也指革命者。革命者到了革命胜利后，看到人民的奋发有为，极为欢欣，所以用一个“笑”字，他并不想占有胜利果实，写出革命者的崇高品格。这里写梅花，不用“它”而用“她”，是把梅花拟人化，即含有把梅花比美人、比革命者的意味，在这里，也是写出革命者的崇高品格。

再从“反其意而用之”来看，作者写梅花品格之高，陆游也写梅花品格之高，即使梅花“零落成泥碾作尘，只有香如故”，还照旧香的，也写梅花品格之高。那又怎么“反其意”呢？陆游是从“香”来说，“只有香如故”来写梅花品格之高，以梅花自比，自己即使被委曲求和的当权派排挤打击，他的抗战爱国的精神到死不变。作者这首词，从“报春”着眼，“只把春来报”。而时代是“山花烂漫时”，与陆游的南宋趋向没落时，却是完全不同。这也说明两首词的主题不同，所以用意也全不同了。

〔附〕**陆游原词**

卜算子·咏梅

驿外断桥边，寂寞开无主。已是黄昏独自愁，更著风和雨。　　无意苦争春，一任群芳妒。零落成泥碾作尘，只有香如故。

“驿”指驿站，古代官办的处所，供传递公文人员中途住宿和换马之处。“断桥”，桥已断，无人经过处。梅花在那儿开放，无人欣赏，所以是寂寞无主。比喻自己抗战报国的心情，没有有力的人赞赏，所以感到寂寞而无主。已经到了黄昏独自愁苦,更碰上风吹雨打。他的抗战爱国精神已到了晚年,再遭到打击。梅花无意与百花争夺春光,任凭百花的妒忌。比喻自己并不想争夺权位,任凭众官的妒忌。梅花即使被风吹雨打,零落成泥或被车轮碾成尘,只有香照旧。比喻自己即使受到打击,但是抗战爱国精神却还是照旧。

七律·冬云

雪压冬云白絮飞，万花纷谢一时稀。
高天滚滚寒流急，大地微微暖气吹。
独有英雄驱虎豹，更无豪杰怕熊罴。
梅花欢喜漫天雪，冻死苍蝇未足奇。

1962 年 12 月 26 日

这首诗最早发表在人民文学出版社 1963 年 12 月版《毛主席诗词》。

1962 年 12 月 26 日为作者生日，是当年冬至节后的第四天。旧说“冬至一阳生”，阳气开始升起了，寒威开始减弱，说明国内的经济困难开始转好。这年召开中央政治局常委“西楼会议”，一致通过陈云所作的《目前财政经济情况和克服困难的若干办法》的报告。到这年底，国民经济已走出低谷，全国形势逐渐好转，对国际压力也更具抵抗的力量。这首诗，正表现了这种情况。

“雪压冬云白絮飞，万花纷谢一时稀。”冬天下雪前水气在空中受寒凝聚成雪，称“雪压冬云”，从而雪花飞下，称“白絮飞”。这里用个“压”字，有寒气压云成雪之意，还有国际上对华施加压力之意。称雪为白絮，本于《世说新语·言语》：谢安问：“白雪纷纷何所似？”谢朗说：“撒盐空中差可拟。”谢道韫说：“未若柳絮因风起。”安大悦。这时候，万花纷纷谢落，还开放的花是少了。这里虽然没有点出梅花来，但“一时稀”里和结尾的“梅花”呼应，实际上是指梅花。这里另有含义，指在国际对华的压力下，有四十多个党先后发表声明和文章，攻击我党。

“高天滚滚寒流急，大地微微暖气吹。”高空中虽有滚滚寒流，急迫地袭来，“滚滚”，水奔流，指寒流的奔腾，但大地上已有微微的暖气在吹动。古人有候气的方法，用十二个长短不同的管子来代十二律，管子里装上用芦苇中薄膜烧成的灰，放在密闭的屋子里。至冬至一阳生，其中称为黄钟的管子里的灰自动飞去，证明阳气在萌生。见《后汉书·律历志》。从暖气吹动中，说明高天的寒流不可怕。

“独有英雄驱虎豹，更无豪杰怕熊罴。”上联讲的“滚滚寒流”，指国际上的两种压力，一是帝国主义的压力，比作虎豹；一是修正主义的压力，比作熊罴，“罴（pí 皮）”，熊的一种，叫马熊或人熊。就英雄豪杰来说，对于帝国主义或修正主义的压力是无所畏惧的。所以既敢驱虎豹，又不怕熊罴。

“梅花欢喜漫天雪，冻死苍蝇未足奇。”这个结尾和开头呼应，在“万花纷谢”中“一时稀”的花正是梅花，梅花不怕严寒，在漫天大雪中盛开。那些纷谢的万花，经不起寒流侵袭，与苍蝇在寒流中冻死是相似的，不足惊奇。

这首诗里多用比拟格，用“万花纷谢”来比经不起国际上压力的党，用梅花来比坚贞的革命战士，用“寒流”来比国际上的压力，用“虎豹”来比帝国主义，用“熊罴”来比修正主义。这首诗，更指出革命者看问题的方法，既看到“高天滚滚寒流急”，又看到“大地微微暖气吹”，看到对立的两方面。这样，既有战胜寒流的勇气，也进而看到寒流和暖气的消长，更产生战胜困难的勇气，具有深刻的教育作用。

满江红·和郭沫若同志

小小寰球，有几个苍蝇碰壁。嗡嗡叫，几声凄厉，几声抽泣。蚂蚁缘槐夸大国，蚍蜉撼树谈何易。正西风落叶下长安，飞鸣镝。　　多少事，从来急；天地转，光阴迫。一万年太久，只争朝夕。四海翻腾云水怒，五洲震荡风雷激。要扫除一切害人虫，全无敌。

1963 年 1 月 9 日

这首词最早发表在人民文学出版社 1963 年 12 月版《毛主席诗词》。

1963 年 1 月 9 日，毛泽东同志在广州。他从《光明日报》上看到郭沫若的《满江红》词，填成《满江红·和郭沫若同志》，送给周恩来同志，写明“郭词见一月一日《光明日报》”。

第二次世界大战以后，世界局势发生显著变化，亚非拉国家的民族独立和人民解放运动此起彼伏，汇成一股不可阻挡的历史潮流。到 1963 年,亚洲和非洲五十多个国家赢得独立,近代以来形成的殖民体系迅速解体。广大“中间地带”国家在国际事务中的作用逐渐增长,中国在这些国家中的地位日益提高。毛泽东同志观察到这些变化,写了这首词。

“小小寰球,有几个苍蝇碰壁。嗡嗡叫,几声凄厉,几声抽泣。”这里运用铺张格,铺张格有扩大的,如李白《秋浦歌》“白发三千丈”,夸大头发的长。铺张格也有缩小的,如《诗经·卫风·河广》:“谁谓河广,曾不容刀(小船)。”说黄河容不下小船一条,把黄河缩小了。这里的“小小寰球”,“寰球”指地球,把地球缩小,称为“小小”的。地球成为小小的,地球上的修正主义者更渺小了,小到成为“几个苍蝇”,这是比喻格。用苍蝇作比,含有他们肮脏丑恶的意思。他们的反华,只能使他们碰壁。碰壁以后,他们的嚎叫,听起来只是“嗡嗡叫,几声凄厉,几声抽泣”。

“蚂蚁缘槐夸大国,蚍蜉撼树谈何易。”这里也用夸张格、比喻格,还有引用格。把他们缩小到像蚂蚁,像蚍蜉,是夸张;用蚂蚁等来比,是比喻。唐代李公佐《南柯太守传》:淳于棼在大槐树下喝酒,醉卧,梦中被人引入大槐安国,做南柯郡太守,享尽荣华富贵,醒后才知是一梦。大槐安国即大槐树下的蚂蚁窠,南柯郡是大槐树南枝上的小蚁穴。这里指修正主义者自夸大国,不过是槐树枝上的小蚁穴。“蚍蜉(pí fú 皮浮)”,一种大黑蚂蚁。唐代韩愈《调张籍》:“蚍蜉撼大树,可笑不自量。”指修正主义者在攻击中国,好比蚂蚁动摇大树,只可笑不自量力罢了,这两处是引用格。

“正西风落叶下长安,飞鸣镝。”唐朝贾岛《忆江上吴处士》:“西风吹渭水,落叶满长安。”“鸣镝(dí笛)”,响箭。“飞鸣镝”,射出响箭。在西风落叶的时候,我们射出响箭来进攻修正主义者。用响箭,表示不用暗箭伤人,而要堂堂正正地进攻。

下片:“多少事,从来急;天地转,光阴迫。一万年太久,只争朝夕。”作者认为革命的多少事情,从来是急的;在当前的天旋地转中,时光是过得紧迫的。说革命的彻底胜利要等一万年,太久了;只能在争朝夕之间。作者看到世界局势的变化,亚洲和非洲五十多个国家赢得了独立,这就是“天地转”,这种天旋地转,是紧迫的。因此作者认为取得革命的彻底胜利,只是争朝夕的事,不能等一万年,那太久了。当时有一种论调,认为中苏双方的争论,“要耐心等待,不要着急,将来历史会证明谁对谁错”。作者不同意这种看法,所以提出“争朝夕”的说法,认为只要对敌进攻,朝夕之间就可分清是非。

“四海翻腾云水怒,五洲震荡风雷激。要扫除一切害人虫,全无敌。”作者“只争朝夕”的思想,就是从这里来的。作者看到亚洲和非洲五十多个国家赢得了独立,殖民体系迅速解体,因此称为“四海翻腾云水怒,五洲震荡风雷激”。“四海”“五洲”正指全世界,全世界殖民体系的解体,正像四海中的海水翻腾,翻腾的浪花直冲霄汉,形成云水的震荡,又用一个“怒”字,用拟人化手法,写出震荡的激烈。也像五大洲的革命风暴震荡大地,极为激烈。就四海说,结合海水,所以称“翻腾”;就五大洲说,指革命风暴,所以称震荡,称“风雷激”。实际上,四海翻腾也指革命震荡。在这样的形势下,人民起来斗争,要扫除一切害人的东西,是战无不胜的,是全无敌的。

这首词作于 1963 年 1 月 9 日,距上一首《七律·冬云》的写作不过十四天,但所反映的心情却大不相同。《冬云》说:“高天滚滚寒流急,大地微微暖气吹。”说明外部的寒流滚滚而来是急迫的,我国国内的暖气是微微的。即寒流大,暖气小。过了十四天,对整个世界形势作出判断,认为就世界革命形势看,革命形势完全可以压倒寒流,可以只争朝夕地取得胜利。《冬云》是就中国一国的形势看的;这首词则是从全世界的形势看的,这样看法也受到郭沫若同志的词的影响。

〔附〕郭沫若原词

满江红

沧海横流,方显出英雄本色。人六亿,加强团结,坚持原则。天垮下来擎得起,世披靡矣扶之直。听雄鸡一唱遍寰中,东方白。　　太阳出,冰山滴;真金在,岂销铄?有雄文四卷,为民立极。桀犬吠尧堪笑止,泥牛入海无消息。迎东风革命展红旗,乾坤赤。

“沧海横流”,见唐代陆德明《春秋穀梁传注疏序》:“孔子睹沧海之横流。”《疏》:“沧海,是水之大者。沧海横流,喻害万物之大,犹言在上残虐之深也。”“沧海横流”,指海水泛滥,人民受害。这时有人起来,防治海水泛滥的灾祸,这才显出英雄的本色。这是赞美毛泽东同志能起来倡导马列主义,来抵制修正主义与帝国主义的危害。怎么抵制呢?领导中国六亿人民,加强团结,坚持马列主义原则,来抵制修正主义及帝国主义的危害。再用两个比喻来做说明:天垮下来能向上托住,“擎”指向上托住。《楚辞·天问》:“八柱何当。”指古代神话传说,昆仑山有八个擎天柱。“披靡”,指伏倒,世界各国倒下去,能够扶它竖立起来。这是说毛泽东同志倡导马列主义革命,能使世界各国人民起来推翻殖民主义。就世界说来,听雄鸡一叫,东方天亮了,即中国革命胜利,震动世界。这是说,毛泽东同志领导的中国革命,可以作为擎天柱,可以把世界各国倒下来的扶直。世界革命要各国人民起来革命,不可能由外力来扶起来的,这里当然是一种文学夸张的说法。

下片把修正主义和帝国主义比作冰山,把毛泽东同志的领导革命比作“太阳出”,冰山自会融化,把毛泽东的领导革命比作真金,是不怕火烧的。有《毛泽东选集》“雄文四卷”，为人民树立革命准则。桀是夏代最末一个王，是个暴君。汉代邹阳《狱中上梁王书》：“桀之犬可使吠尧。”可笑已极。宋僧道原《景德传灯录》：“我见两个泥牛斗入海，直至如今无消息。”泥牛入海都融化了，比喻一切反动势力都会自己灭亡。因此展开迎接革命的红旗，整个世界都解放了。郭沫若就这样认为世界革命胜利的日子已经到来，只要毛泽东同志起来高举革命的红旗，发出号召，全世界的革命就胜利了。毛泽东同志的和词也受了他的影响，所以要只争朝夕地起来扫除一切害人虫，是全无敌的。

七律·吊罗荣桓同志

记得当年草上飞，红军队里每相违。
长征不是难堪日，战锦方为大问题。
斥鷃每闻欺大鸟，昆鸡长笑老鹰非。
君今不幸离人世，国有疑难可问谁？

1963 年 12 月

这首诗最早发表在 1978 年 9 月 9 日《人民日报》。

罗荣桓(1902—1963)，湖南衡山人。1927 年加入中国共产党，曾参加湘赣边界秋收起义。1930 年起，历任红四军政治委员，一军团、江西军区、八军团政治部主任，八路军一一五师政治部主任、政治委员兼代理师长，山东军区司令员兼政治委员，中共中央山东分局书记，中国人民解放军第四野战军第一政治委员，中国人民解放军总政治部主任等职。在中共八届一中全会上当选为中央政治局委员。1963 年 12 月 16 日在北京逝世。毛泽东同志一向很敬重对党和人民无限忠诚的罗荣桓同志，他在知道罗逝世的消息以后,悲痛逾常。这首悼诗就是在悲痛的激情中写成的。由于罗曾长期同林彪共事,所以诗内提到林彪的事。

“记得当年草上飞”,这句借用相传唐黄巢《自题像》的诗句。“草上飞”,指红军在战争中行动迅速。“红军队里每相违”,指罗荣桓同志与林彪共事时,常有不同意见的争执。什么不同意见呢?

“长征不是难堪日”,1935 年 1 月遵义会议后,毛泽东同志在贵州、四川境内率领中央红军迂回作战,四渡赤水,出敌不意地威逼贵阳转入云南,胜利地渡过金沙江,从而摆脱追堵的几十万敌军。在迂回过程中,部队经常需要急行军。林彪曾在同年 5 月在四川南部会理城郊召集的中央政治局会议前夜写信给中央军委,认为这样“走弓背路”要“拖垮军队”,要求改变军委领导。林的这个要求被政治局会议完全拒绝。这个问题的解决没有遇到什么困难。这里当含有罗与林的不同意见。“战锦方为大问题”,1948 年 9 月至 10 月间攻打锦州,即辽沈战役的第一个和关键性的大仗。毛泽东同志在 9 月 7 日为中央军委给林彪、罗荣桓等的电报(见《毛泽东选集》第四卷)早已详细说明攻打锦州的重大意义和同先打长春的利害得失的比较,但林彪仍然找出种种理由来一再反对。罗荣桓同志是主张执行中央军委和毛泽东同志的战略决策的,所以诗中特意提到。

“斥鷃每闻欺大鸟”,“斥鷃(yàn 宴)”,蓬间雀,在蓬蒿中飞起来不过几尺高。《庄子·逍遥游》说,斥鷃笑鹏鸟飞得太高,认为自己在蓬蒿中飞翔,也是飞得最好了。“昆鸡长笑老鹰非”,“昆鸡”,一种大鸡,“昆”一作“群”解,也可能泛指群鸡。俄国克雷洛夫寓言《鹰和鸡》中说,鹰因为低飞而受到鸡的耻笑,认为鹰飞得跟鸡一样低;鹰答道:“鹰有时飞得比鸡还低,但鸡永远不能飞得像鹰那样高。”

这首诗表明作者对罗荣桓同志的深切悼念,这种悼念的深切,主要在于罗荣桓同志在革命斗争中,始终站在作者一边,即在革命斗争的认识上与作者是一致的。革命斗争是极其复杂艰苦的,在革命斗争中有不同意见,这是正常的。但这种不同意见的产生,也表达了对革命形势和革命策略的不同理解,这时候对于有正确的一致看法的同志,自然更为可贵了。“记得当年草上飞”,是指在长征路上,敌我力量并不相当,只有用飞速前进的“草上飞”行动,才有利于摆脱敌人大军的围追堵截。在这时候,林彪提出不同意见,罗荣桓能体会毛泽东同志的战略思想,这是可贵的。在解放战争中,在“战锦”问题上,林彪又有不同的看法,罗荣桓更能体会毛泽东同志的战略思想,说服林彪执行毛泽东同志的决策,就更为可贵了。

诗里的斥鷃、昆鸡当泛指红军队伍里的不同看法者,这种不同看法者,是从对形势对战略的不同看法造成的,这是从“红军队里每相违”来的。最后归结到“君今不幸离人世,国有疑难可问谁”,这个“国有疑难”,说明作者对国内形势的估计，对革命斗争的认识感到疑难，对于这种疑难，认为罗荣桓是有正确的认识的，可以帮助他解决疑难的。现在他去世了，这种疑难就无法去请他帮助解决了，充分反映了作者深切的哀悼之情。

贺新郎·读史

人猿相揖别。只几个石头磨过，小儿时节。铜铁炉中翻火焰，为问何时猜得，不过几千寒热。人世难逢开口笑，上疆场彼此弯弓月。流遍了，郊原血。　　一篇读罢头飞雪，但记得斑斑点点，几行陈迹。五帝三皇神圣事，骗了无涯过客。有多少风流人物？盗跖庄蹻流誉后，更陈王奋起挥黄钺。歌未竟，东方白。

1964年春

这首词最早发表在《红旗》1978年第9期。

毛泽东同志酷爱读书，他说过："有了学问，好比站在山上，可以看到很远很多的东西；没有学问，如在暗沟里走路，摸索不着，那会苦煞了。"他对中国史书读得很多，1952年，他添置了一部大字本的"二十四史"，在上面加了大量的圈线和批语。他认为《资治通鉴》写得好，叙事有法，历代兴衰治乱本末毕具，我们可以批判地读这部书

（见《背景介绍》）。

上片：“人猿相揖别。只几个石头磨过，小儿时节。”从猿进化到人谈起。“揖别”，作揖相别，就进化说，是自然形成的，这种自然的进化，是好事，所以称“揖别”。进化到人以后，人还在进化，他的特点是用石头做工具。“只几个石头磨过”，包括旧石器时代、新石器时代，都是磨石头做石器，是人类的“小儿时节”。

“铜铁炉中翻火焰，为问何时猜得，不过几千寒热。”这是说人类从石器时代进入铜器时代，再进入铁器时代。小儿时节的石器时代还是原始社会，进入铜器时代即进入奴隶社会，进入铁器时代即进入封建社会，那已进入到阶级社会了。铜铁炉中翻火焰，从冶炼铜到冶炼铁，说明社会的进化，也产生了阶级斗争。“为问何时猜得”，请问什么时候可以猜中，对于奴隶社会和封建社会始于何时，史学家纷纷争论，没有定论。就封建社会何时开始，有西周、春秋、战国、秦朝、东汉、魏晋六种说法，由于封建社会的开始不定，因此奴隶社会延续的时期也不定。正因为有这六种不同说法，所以不作定论，只好说猜了，大家都在猜了。作者在 1939 年的《中国革命和中国共产党》里，主张西周封建论。作者在学术问题上，是谦虚的，不以西周封建为定论，说他也在猜。这种猜，“不过几千寒热”，不过是在这几千年中的事罢了。“不过几千寒热”，一说脱一个“是”字，当作“不过是几千寒热”。萧涤非先生认为这首词有一百一十四字、一百一十五字、一百一十六字三体,少一个字符合一百一十五字体,不必加字;再说加上"是"字,反而显得不够紧凑了。

"人世难逢开口笑,上疆场彼此弯弓月。流遍了,郊原血。"在阶级社会里,就发生了阶级压迫和阶级斗争。杜牧《九日齐山登高》:"尘世难逢开口笑,菊花须插满头归。"杜牧曾做过各处的幕僚和地方官,不尽得意,所以有在尘世难逢开口笑的感慨。这里借用,改"尘世"为"人世",就社会中人来说,人当然指阶级社会中多数的被压迫阶级中的人,那就更难逢开口笑了。为了反抗压迫就展开了阶级斗争,发生战争,这种战争有被压迫阶级反抗压迫阶级的战争,像历代的农民起义,有民族之间的压迫和反压迫的战争。"上疆场彼此弯弓月",双方走上战场发生战争,战争中间用弓箭等利器,如苏轼《江城子·密州出猎》"会挽雕弓如满月",拉开弓作满月状,射出去才有力。这里的"弯弓月",即"会挽雕弓如满月"的省略格,"月"是满月之省,比喻弯弓的形状。所以这个"弯弓月"既是引用格,引用苏词,又是省略格,七字省略为三字,又是比喻格,以满月作比。这样的战争中,"流遍了,郊原血",血流郊野。

下片承接上文,发挥议论。上片讲到阶级社会中发生的战争,这几千年中的阶级斗争史,都记在史书里。"一篇读罢头飞雪,但记得斑斑点点,几行陈迹。"这个一篇泛指记载几千年的历史书,要读罢这些历史书,就需要使头发变白,像雪飞上了头。雪是比发白。不说头如雪,而说头飞雪，显得人生易老。但只记得斑斑点点的文字，记下多少旧事，只成为陈迹罢了。

“五帝三皇神圣事，骗了无涯过客。”阶级斗争历史，站在统治阶级立场上编写的历史，对于原始社会中的三皇五帝，说得非常神圣，骗了无数的过客，即骗了无数的人。人在世上等于过客。“有多少风流人物？盗跖庄跅流誉后，更陈王奋起挥黄钺。”作者站在革命的立场上，赞美反压迫的英雄，赞美农民起义领袖，称他们为风流人物，即赞美革命的英雄人物。盗跖（zhí 职），春秋时鲁国人。《庄子·盗跖》篇说他“从卒九千人，横行天下，侵暴诸侯”。诸侯是各国剥削阶级的头头，他可以侵犯暴虐诸侯，说明他是反剥削的英雄。庄跅（jué 决）是战国时楚人。楚威王时，他率众起义。后率众至滇池（在云南），在那里称王，他反对楚威王而起义，也是起义英雄。他们两人的名誉流传在世。《荀子·不苟》篇说盗跖“名声若日月”，赞美他的名声。更有秦朝的陈胜领导农民起义，称为陈王。陈王奋勇起来，挥动黄色大斧，这是借用。《史记·周本纪》称周武王“以黄钺斩纣头”。这里说陈王“挥黄钺”，指陈胜起义，掌握政权，推翻了秦王朝。秦王朝虽然不是陈胜推翻的，但是陈胜发动了农民起义，由另一农民起义领袖刘邦推翻了秦王朝，因此也可以说，终是由陈胜发动的农民起义推翻的。

“歌未竟，东方白。”作者这首词，只歌颂了盗跖、庄跅、陈胜三个风流人物，还有许多起义的风流人物还没有歌颂,所以说歌颂还没有完,东方却已经发白,天已亮了。这个“东方白”还有另一个意义,即歌颂历史上的风流人物还没有完,中国的革命已经胜利了。这就把历史上农民起义的风流人物,跟当代的风流人物衔接起来了,它的意义就更深刻了。

毛泽东同志称这首词为《读史》,是教导我们怎样读史的方法。读史不是相信史书的记载,从三皇五帝怎样神圣开头,那是会受骗的。读史应该用唯物史观的目光来看,看到石器时代发展到铜器时代,再发展到铁器时代。结合石器、铜器、铁器,看到由原始社会到奴隶社会到封建社会。在不同社会的划分上,假如找不到唯物主义的确切根据,不妨各自猜想,不必匆忙地作出决定。读阶级社会的历史,要注意阶级观点,要赞美被剥削阶级的风流人物,要看到社会主义革命的风流人物与历史上的被剥削阶级的风流人物是有继承关系的。这跟今天提出的建设中国特色社会主义的精神是一致的。

水调歌头·重上井冈山

久有凌云志，重上井冈山。千里来寻故地，旧貌变新颜。到处莺歌燕舞，更有潺潺流水，高路入云端。过了黄洋界，险处不须看。　　风雷动，旌旗奋，是人寰。三十八年过去，弹指一挥间。可上九天揽月，可下五洋捉鳖，谈笑凯歌还。世上无难事，只要肯登攀。

1965 年 5 月

这首词最早发表在《诗刊》1976 年 1 月号。

1965 年 5 月 22 日，毛泽东同志从长沙出发，坐汽车到井冈山。他于 1927 年 10 月，在井冈山创建了第一个革命根据地，到这年已过三十八年。井冈山已见前《西江月·井冈山》释。当天，作者驱车登上“高路入云端”的黄洋界，黄洋界海拔一千三百四十三米。当晚，作者到了茨坪。茨坪位于井冈山中心，四面环山，有条溪流穿过，有公路通向大小五井。茨坪，当年只不过十余户人家，如今已成为大市集。作者在这里住了七天。他在这里了解了井冈山地区的水利、公路建设和人民生活,分别会见了当年的老红军和烈士家属,向他们表示慰问。还同干部和群众交谈,鼓励他们好好建设。5 月25 日,他在这里写下了这首词。

上片:“久有凌云志,重上井冈山。”作者在年轻时就有革命的伟大志向,在 1918 年写《送纵宇一郎东行》的诗里,就有革命的大志,所以能够于 1927 年在井冈山创立了第一个革命根据地,终于取得了革命的伟大胜利,重新登上井冈山。“千里来寻故地,旧貌变新颜。”作者从北京到长沙再到井冈山,旧地重游,看到以前只有十几户的小村落,现在变成大市集的茨坪,面貌大变了。“到处莺歌燕舞,更有潺潺流水,高路入云端。”“莺歌燕舞”是比喻格,比喻人民的歌舞升平。“更有潺潺流水”,是写实,写茨坪有一条溪水流过,在高山环绕里的市集有溪流是很重要的,所以也写入了。再写到交通,从茨坪到各处都有公路。从公路驱车进入最高处的哨口黄洋界,写到黄洋界,更可怀念。在《西江月·井冈山》的保卫战里,写道:“黄洋界上炮声隆,报道敌军宵遁。”是取得胜利的地方,别的险要处就不须看了。重游井冈山,写到这里,已告一段落。

下片重在发议论。上片开头的“凌云志”是说伟大的革命志向,所以下片开头和它呼应:“风雷动,旌旗奋,是人寰。”“风雷”比革命,革命运动起来了,红旗奋起,是人间，指中国大地上起来革命，这是“久有凌云志”的实践。革命胜利了。到了1965年重上井冈山，三十八年已经过去，时间过得飞快，快得像弹一下指，像挥一下手似的短促。

“可上九天揽月，可下五洋捉鳖，谈笑凯歌还。”这是说在革命胜利的形势下，敌人无法逃避，倘逃到天上，也可以上天去捉，倘逃到海里，也可以到海里去捉，可以在谈笑中胜利地唱着凯歌回来。“九天”，指天的极高处。《孙子·形篇》：“善攻者，动于九天之上。”“揽月”，摘取月亮。唐李白《宣州谢朓楼饯别校书叔云》：“俱怀逸兴壮思飞，欲上青天览(揽)明月。”“五洋”，泛指海洋，泛指世界。“捉鳖”，元康进之《李逵负荆》第四折：“管教他瓮中捉鳖，手到拿来。”

“世上无难事，只要肯登攀。”这个结尾与上片开头呼应。“世上无难事”，即“有志者事竟成”，不论怎样高险的处所，只要肯登攀，都可以上去。像中国革命的艰难险阻，也取得了伟大胜利，就是最好的例子。这一结，具有勉励人民向上的力量。

念奴娇·鸟儿问答

鲲鹏展翅，九万里，翻动扶摇羊角。背负青天朝下看，都是人间城郭。炮火连天，弹痕遍地，吓倒蓬间雀。怎么得了，哎呀我要飞跃。　借问君去何方，雀儿答道：有仙山琼阁。不见前年秋月朗，订了三家条约。还有吃的，土豆烧熟了，再加牛肉。不须放屁，试看天地翻覆。

1965年秋

这首词最早发表在《诗刊》1976年1月号。

这首词作于1965年秋，形象地表明毛泽东同志在战争与和平问题上的原则立场。1963年8月5日，苏、美、英三国外长在莫斯科签订了《禁止在大气层、外层空间和水下进行核武器试验条约》。这项动议是1959年4月由美国首先提出的。美国从1945年7月爆炸第一颗原子弹起到签条约为止，共进行二百五十九次核试验。它还拥有规模巨大、设备完善的地下核试验场，进行七十余次地下核试验，在这方面拥有明显的优势。因此，美国迫切希望达成禁止在大气层、外层空间和水下进行核试验的协议，以保持核垄断的优势。

在地下核试验方面处于劣势的苏联，急于签订这样的条约，也有自己的考虑。慑于核战争的巨大毁灭力，苏联领导人提出战争与和平的新理论，认为："在本世纪中叶所制成的火箭——核武器，改变了以前关于战争的概念"。"任何一个小小的'局部战争'，都会成为引起世界大战的火灾的星星之火"，"我们将会毁灭自己的诺亚方舟——地球"。当美国提出建议以后，苏联立即作出积极响应，经过一段谈判，达成了"三家协议"。

毛泽东同志对战争问题始终持十分谨慎的态度，但他一贯坚信，决定战争胜负的是人民的力量，而不是一两件新式武器。第二次世界大战结束后，一大批亚非拉国家通过长期斗争，纷纷挣脱殖民枷锁，国家独立，民族解放，汇成一股不可阻挡的历史潮流。毛泽东同志对广大中间地带的崛起，寄与很大的期望。在这首词里，也反映了他对未来世界发展趋势的看法（见《背景介绍》）。

上片："鲲鹏展翅，九万里，翻动扶摇羊角。"《庄子·逍遥游》说有大鱼叫鲲，变化成大鸟叫鹏，"抟扶摇羊角而上者九万里"，大鹏凭着旋风的力量飞上九万里高空。"抟"指凭借，"扶摇"、"羊角"都指旋风。"背负青天朝下看，都是人间城郭。"大鹏飞得极高，好像背着青天朝下看，都是人间的城郭。郭指外城。"炮火连天，弹痕遍地，吓倒蓬间雀。”“蓬间雀”,《庄子·逍遥游》中指在蓬蒿中间飞的小雀。对待战争,有两种看法:一种是高飞九万里的大鹏,它看到人间的“炮火连天,弹痕遍地”,并不害怕。一种是在蓬蒿间飞的雀儿,看到战火就吓倒了。“怎么得了,哎呀我要飞跃。”雀儿狂叫“怎么得了”,喊声“哎呀我要飞跃”,雀儿要逃跑。大鹏问它要逃到哪儿去。“借问君去何方,雀儿答道:有仙山琼阁。不见前年秋月朗,订了三家条约。还有吃的,土豆烧熟了,再加牛肉。”“借问”,是假设的问话,问雀儿飞到哪里去,雀儿回答,有仙人住处的仙山琼楼玉宇,就是那在前年签订苏、美、英三国《禁止在大气层、外层空间和水下进行核武器试验条约》的地方,那里还是苏联领导人赫鲁晓夫于1964年说过“福利共产主义”是“一盘土豆烧牛肉的好菜”的地方。也就是说,雀儿害怕战争,认为订了三家条约、还有一盘土豆烧牛肉吃的地方,就是最美好的仙家生活的地方。大鹏对它说:“不须放屁,试看天地翻覆。”要雀儿看到世界上被压迫民族的人民起来革命,要彻底推翻殖民主义,造成天翻地覆,取得世界革命的大胜利,才能真正消灭战争。表达了毛泽东同志对革命战争的正确看法。

副　编

五古·挽易昌陶

去去思君深，思君君不来。
愁杀芳年友，悲叹有余哀。
衡阳雁声彻，湘滨春溜回。
感物念所欢，踯躅南城隈。
城隈草萋萋，涔泪侵双题。
采采余孤景，日落衡云西。
方期沆漭游，零落匪所思。
永诀从今始，午夜惊鸣鸡。
鸣鸡一声唱，汗漫东皋上。
冉冉望君来，握手珠眶涨。
关山蹇骥足，飞飙拂灵帐。
我怀郁如焚，放歌倚列嶂。
列嶂青且茜，愿言试长剑。
东海有岛夷，北山尽仇怨。
荡涤谁氏子，安得辞浮贱。
子期竟早亡，牙琴从此绝。

琴绝最伤情，朱华春不荣。
后来有千日，谁与共平生？
望灵荐杯酒，惨淡看铭旌。
惆怅中何寄，江天水一泓。

1915 年 5 月

这首诗选自湖南文艺出版社 1991 年 3 月版萧永义著《毛泽东诗词对联辑注》，题为《毛泽东诗词大辞典》编者所拟。

“五古”，五言古诗的简称。每句五个字，句数不限，偶句押韵，首句可押可不押，可以换韵。句中平仄，有的可以像律句的调配和对仗，有的可以不讲。如本诗，“去去思君深”，仄仄平平平，用三个平，即不同于律句。“采采余孤景”，仄仄平平仄，即同于律句。如“愁杀芳年友，悲叹有余哀”，即不讲对仗。如“衡阳雁声彻，湘滨春溜回”，即可以作为对仗。再就这首诗的用韵说，八句一换韵，第一个八句，因第一句不押韵，只有四句韵，即来、哀、回、隈，用平声十灰韵。第二个八句换韵，第一句用韵，有五句韵，即萋、题、西、思、鸡，换了四支、八齐韵，这两个韵是可以通押的。第三个八句换韵，第一句押韵，有五句韵，即唱、上、涨、帐、嶂，即换去声二十三漾韵。第四个八句有五句用韵，即茜、剑、怨、贱、绝，按茜、贱，属去声十七霰，剑属去声三十陷，霰、陷可通押，怨、绝或用湖南方音押韵。第五个八句五句韵,即情、荣、生、旌、泓,属平声八庚韵。这首诗,按照换八个韵部,似可分为八段,每段八句。

还有这首诗第一个八句的末两字是“城隈”,第二个八句即承上用“城隈”开头;第二个八句的末两字是“鸣鸡”,第三个八句就承上用“鸣鸡”开头;第三个八句的末两字是“列嶂”,第四个八句即承上用“列嶂”开头;第四个八句的结句作“牙琴从此绝”,第五个八句即承上用“琴绝”开头。每八句的结尾与下八句的开头互相承接,这在修辞学上称为顶针格。这顶针格成为这首诗结构上的特点。

易昌陶,名咏畦,湖南衡山人。湖南省立第一师范学校学生,与毛泽东同班。1915 年 3 月病死家中,5 月 23 日学校为他开追悼会。毛泽东在致湘生(生平不详)信中说:“同学易昌陶君病死,君工书善文,与弟甚厚,死殊可惜。校中追悼,吾挽以诗,乞为斧正。”

《挽易昌陶》诗,按照用韵可分为五段,每段八句。第一段:“去去思君深,思君君不来。”“去去”,去而又去,指永别、死亡。与易君永别,所以思君深切。因君死亡,所以不能再来。“愁杀芳年友,悲叹有余哀。”上句指易君,是青春年华的友人,故称“芳年友”,即青年死去,所以悲叹哀悼。“衡阳雁声彻,湘滨春溜回。”湖南衡阳有回雁峰,唐朝高适《送王少府贬长沙》有“衡阳归雁几封书”句,指到衡阳去回来的雁子可以带信来。现在易君死了,只有雁声响彻衡阳，不再有信来了。在湘江边上有春水回来，指湘江水涨，“春溜”即春水。“感物念所欢，踯躅南城隈。”感物是感叹景物，听雁声，观湘水涨，都是感物。听雁声就想到好友的信，看湘水涨就想到与好友一同游泳。这就想念所怀念的友人。“踯躅(zhí zhú 直烛)”，徘徊。“南城隈(wēi 威)”，长沙南城墙弯曲处。作者对友人想念深切，所以在南城弯曲处徘徊。第一段写对于青春年华的好友死去，非常悲哀。他听到雁叫，看到湘江水涨，都要想到好友，写出对好友的深情。

第二段：“城隈草萋萋，涔泪侵双题。”在南城弯里看到春草茂盛，宋李重元《忆王孙·春词》：“萋萋芳草忆王孙。”看到萋萋芳草，就要想起王孙公子，因为春草茂盛了，说明王孙公子要回来了。可是作者的好友死了，永远不能回来。“涔(cén 岑)泪”，不断流下的泪，不仅浸湿两颊，还浸湿额的两侧，形容泪水的多。谢惠连《捣衣诗》：“征芳起两袖，轻汗染双题。”“双题”，额的两侧。“采采余孤景，日落衡云西。”当时作者丰神美好，可只剩下孤独的影子了。“采采”状美好。“余”，剩余。“孤景”，同孤影。这时太阳正在向衡山云的西面落下去。“方期沆漭游，零落匪所思。”看到湘水涨，“沆漭(hàng yǎng 杭去养)”，状水涨，方在期望与好友一同到湘江去游泳，好友像花的凋落，不是我们想到的。“匪”同非。“永诀从今始，午夜惊鸣鸡。”同好友的永远诀别从现在开始，以前好像好友正活着。现在从半夜里只能一个人听鸡叫了，这里用了“闻鸡起舞”的典故（见下《洪都》的“闻鸡”）。本来是两人闻鸡起舞，好友死了，所以半夜听鸡叫惊醒，只能一人听，不能两人闻鸡起舞。这第二段写作者看到萋萋芳草，就想到好友，因而泪染全额。好友死了，自己成了孤影。看到湘江水涨，也不能与好友一同去游泳。原来可以与好友闻鸡起舞，有所作为，现在只能一个人在半夜里听鸡叫而心惊了。

第三段：“鸣鸡一声唱，汗漫东皋上。”听见鸡的一声叫，“汗漫”指随便，随便走在东边田野的高地上。“冉冉望君来，握手珠眶涨。”作者对好友思念的深切，“冉冉”，犹渐渐，渐渐望好友到来，但想到好友去世，难以握手，只有珠泪在眼眶涨痛。“关山蹇骥足，飞飙拂灵帐。”因此想到好友是有才能的。“蹇（jiǎn 捡）”，妨碍。祖国的关塞山河，妨碍千里马的快跑，不能发挥他的才华。去世了，只留下像如飞的暴风吹动灵座的帏帐。“我怀郁如焚，放歌倚列嶂。”想到好友的去世，我的胸怀悒郁得像焚烧，只能依傍排列的山峰放声高唱，表达自己的悲哀。这个第三段，表达好友的才能，像飞驰的千里马。只是他的才能没有发挥就死去，这使作者悲哀。只有依傍列嶂，放声高唱罢了。

第四段：“列嶂青且茜，愿言试长剑。”“茜（qiàn 欠）”，深红色。排列成的山峰有青的茜的，即有长草木的青的，有露出岩石茜色的。希望试用长剑，即希望发挥自己的爱国精神。“东海有岛夷，北山尽仇怨。”当时在东海有岛夷,指日本侵略军,北边有帝俄的侵略军。“荡涤谁氏子,安得辞浮贱。”要扫荡清洗这些侵略者有谁家的子弟,怎得辞谢浮贱。当时作者是学生,学生想报国,想去扫荡清洗侵略者,只能成为一种愿望,没有实力,所以谦称“浮贱”。“子期竟早亡,牙琴从此绝。”《吕氏春秋·本味》:“伯牙鼓琴,钟子期听之。方鼓琴而志在太山。钟子期曰:‘美哉乎鼓琴,巍巍乎若太山。’少焉之间,而志在流水。钟子期曰:‘美哉乎鼓琴,汤汤乎若流水。’钟子期死,伯牙破琴绝弦,不复鼓琴,以为世无足复为鼓琴者。”这里作者把死友比作知音。第四段写作者和好友都具有爱国主义思想,愿为祖国扫荡清洗东方和北方的侵略者。好友是自己的知音。失去了好友,像伯牙失去了钟子期一样。

第五段:“琴绝最伤情,朱华春不荣。”像伯牙的破琴绝弦,为了知音人的死去,最为伤感。作者好友,像红花在春天凋谢。“后来有千日,谁与共平生?”后来还有无数日子,谁与我共同生活下去。“望灵荐杯酒,惨淡看铭旌。”望着灵座进献一杯酒,心情惨淡地看着灵座前的旗幡。“惆怅中何寄,江天水一泓。”“泓(hóng 宏)”,状水深广。在惆怅的内心有什么寄托呢?只有像长江中的水的深广和辽阔的天空才可以比我和好友的深情。第五段写作者对死友的深情。好友的去世,像伯牙的破琴绝弦那样的伤情,像红花在春天里凋谢。作者在无可奈何中,望着灵位,看着铭旌,只能对死友献上一杯酒。在未来的日子里,有谁跟我实现平生志愿呢?只有在高空下深广的江水才能寄托我的深情吧。

七古·送纵宇一郎东行

云开衡岳积阴止,天马凤凰春树里。
年少峥嵘屈贾才,山川奇气曾钟此。
君行吾为发浩歌,鲲鹏击浪从兹始。
洞庭湘水涨连天,艟艨巨舰直东指。
无端散出一天愁,幸被东风吹万里。
丈夫何事足萦怀,要将宇宙看稊米。
沧海横流安足虑,世事纷纭从君理。
管却自家身与心,胸中日月常新美。
名世于今五百年,诸公碌碌皆余子。
平浪宫前友谊多,崇明对马衣带水。
东瀛濯剑有书还,我返自崖君去矣。

1918 年

这首诗最早非正式地发表在《党史研究资料》1979年第10期,是由罗章龙在《回忆新民学会(由湖南到北京)》一文中提供的。

“七古”,七言古诗。每句七个字,句数不限,偶句押韵,首句可押可不押。这首诗首句押韵。可以用仄韵,这首诗即押仄韵。唐人的七言古诗,主要有两种体裁:一种是初唐体,即杜甫《戏为六绝句》称为“王杨卢骆当时体”,即初唐时王勃、杨炯、卢照邻、骆宾王的古诗体,在诗中有律句,即有合于律诗平仄的句子,便于歌诵。一种是杜甫的古诗体,避免用律诗平仄的句子,如用三平格、三仄格,即七字句中末三字用三个平声或三个仄声字句,即不是律诗的句法。这首诗即用“当时体”,有律诗的句法,如第二第三两句:平仄仄平平仄仄,平仄平平仄仄平,即用律诗句法中的一三不论的句法;第四句:平平平仄平平仄,即用三字不论的律诗句法。

纵宇一郎,罗章龙在 1918 年将去日本前取的日本名。他去日本留学前,新民学会在长沙北门外的平浪宫聚餐,为他饯行。毛泽东同志用“二十八画生”的笔名写了这首诗送行。毛泽东三字的繁体共有二十八画。1915 年 9 月,毛泽东用此笔名向长沙各校发出《征友启事》,首先响应的便是罗章龙。他在《椿园载记》中说:“我赴司马里第一中学访友,于该校会客室门外墙端,偶见署名‘二十八画生’《征友启事》一则,启事是用八裁湘纸油印的,古典文体,书法挺秀。我伫足浏览,见启事引句为《诗经》语:‘愿嘤鸣以求友,敢步将伯之呼。’(《诗经·小雅·伐木》:‘嘤其鸣兮,求其友声。’用鸟鸣求友,表示求友。《诗经·小雅·正月》：‘将伯助予。’请长者帮助我。将，请；伯，长者。）内容为求志同道合的朋友，其文情真挚，辞复典丽可诵，看后颇为感动。返校后，我立作一书应之，署名纵宇一郎。逾三日而复书至，略云：‘接大示，空谷足音，跫然（脚步声）色喜，愿趋前晤教’云云。”数日后，久雨初晴，丽日行空，毛泽东和罗章龙如约在定王台湖南省立图书馆会面。他们坐在馆内一长条石上，畅谈政治、经济、治学以至宇宙和人生。初次会面，彼此给对方留下深刻印象。两年多后，毛泽东赠诗送行（见《背景介绍》）。

罗章龙到上海，碰上5月7日（1915年日本政府向袁世凯政府提出二十一条最后通牒的日子），当时日本军警殴打中国的爱国留学生，迫使他们回国，罗因此没有去日本。罗章龙（1896—1995），湖南浏阳人，1921年加入中国共产党，1931年被开除出党。后历任河南大学、西北联合大学、湖南大学等校教授。曾任第五、六、七、八届全国政协委员。

“云开衡岳积阴止，天马凤凰春树里。”衡山上积着的阴云散开了，通过春树看到了宁乡县的天马山，醴陵县的凤凰山，以山上有凤凰台得名。天放晴了。“年少峥嵘屈贾才，山川奇气曾钟此。”罗章龙年轻杰出，罗曾有诗赠作者：“策喜长沙傅（贾谊），骚怀屈楚平（屈原）。风流期共赏，同证此时情。”因此说他有楚国屈原、汉朝贾谊的才华，是山川灵秀之气所聚集而产生的人才。“君行吾为发浩歌，鲲鹏击浪从兹始。”你此行我为你放声唱歌。“浩歌”,放声唱歌。你像鲲鹏击浪从此开始。《庄子·逍遥游》说鲲鱼化为大鹏,大鹏起飞时,“水击三千里”,用翅膀击水击了三千里才起飞,指罗开始施展大才。

“洞庭湘水涨连天,艟艨巨舰直东指。”那时候湘江水流入洞庭湖,“水涨”,看上去像与天相接。罗坐轮船向东去。“艟艨(chōng méng 充萌)”,战舰,指轮船。“无端散出一天愁,幸被东风吹万里。”罗走前是一天阴云,走时风吹散阴云,放晴了。“无端”,没来由。“散出一天愁”,扩散出一天的愁云。“东风吹万里”,东风把云吹走了。“丈夫何事足萦怀,要将宇宙看稊米。”男子汉有什么事情牵挂放不开,要把世事看作平常。“稊(tí 题)”,草名,结实如小米。“稊米”,形容小,有平常意。“沧海横流安足虑,世事纷纭从君理。管却自家身与心,胸中日月常新美。”海水泛滥何必去担忧,世上事情纷乱何须整顿,只要管理好自己的身心,胸中像日月那样光明经常是新的美好的就行了。这是说,罗去日本留学,对于国家的忧患,人民的苦难先放开,只要学成归国,就可以大展宏图,干一番救国救民的事业。“沧海横流”,比喻海水泛滥,指国家危难,人民苦难。“世事纷纭”,指北洋军阀政府混乱。当时罗到日本去留学,对这些都无法管,所以劝他暂时不去管他。管自家身心,即培养好革命品质,将来可以干一番革命事业。

“名世于今五百年,诸公碌碌皆余子。”《孟子·公孙丑下》:“五百年必有王者兴,其间必有名世者。”经过五百年,中间一定有著名于世的人才产生出来。《后汉书·祢衡传》:“常称曰:大儿孔文举(融),小儿杨德祖(修),余子碌碌,莫足数也。”祢衡认为当时只有孔融、杨修是人才,还不过是大儿小儿,别的都不算。这是说,罗是五百年中产生的著名人才,当时的当权诸公都是庸才,是不值得称道的人。

“平浪宫前友谊多,崇明对马衣带水。东瀛濯剑有书还,我返自崖君去矣。”这是说,在长沙北门外的平浪宫前送罗的友人富于友情。罗到了长江口,坐船去日本,长江口的崇明岛和日本长崎的对马岛相隔只有一衣带水。罗到了日本,把剑在水里洗净了,写信回来。现在我回去,你去了。“衣带水”,《南史·陈后主纪》:隋文帝说隋和陈只隔“一衣带水”,把长江比作一条衣带。这里指中日相距极近。“东瀛”,东海,指日本。“濯剑”,《晋书·张华传》:张华托雷焕找到龙泉、太阿两宝剑,后两剑在延平津里化为两龙。濯剑或从剑化为龙跃入水中的故事来的,这样的宝剑不是平常人所用,或指罗为英杰。《庄子·山木》:“送君者皆自崖而反(返),君自此远矣。”送行的人都回去了,他也远去了。

这首诗是作者在青年时期作的。这首诗已写得气势磅礴,辞采纷披,显见作者的才华。这首诗里的用典,切合作者的思想。如“要将宇宙看稊米”,把宇宙之大,看作稊米之小,这里即含有整顿乾坤的用意。既然把宇宙看作稊米,要整顿宇宙不是像处理稊米吗?所以“沧海横流”、“世事纷纭”都不值得忧虑了。作者咏游泳的诗句：“自信人生二百年，会当水击三千里。”作者以大鹏起飞前的“水击三千里”，比喻青年时已有大志，“鲲鹏击浪从兹始”了。又说“胸中日月常新美”，唐李德裕《文章论》说：“譬如日月，虽终古常见，而光景常新，此所以为灵物也。”李德裕是讲文章像日月的光耀，终古常新，作者是指胸中的怀抱，也像日月的光耀，终古常新，这就能照亮全国人民的心灵，起来革命，完成革命的大业了。

萧永义同志《献疑》：关于所谓“艟艨”：《送纵宇一郎东行》这首诗，自 1979 年在《党史研究资料》上刊出后，还曾见于《空军报通讯》1981 年第 1 期，《报刊文摘》1981 年第 64 期，特别是正式见于三联书店 1984 年出版的罗章龙《椿园载记》一书。在后三种出版物中，“艟艨”皆作“艨艟”。再者，诗中“艨艟”与“巨舰”是连用的，这在古诗文中较为常见，如“艨艟巨舰一毫轻”，“小舟名舴艋，巨舰曰艨艟”之类。无论从修辞或音韵上考虑，似均无将“艨艟”倒写的必要。据此可以推断，所谓“艟艨”只不过是选本所依据的版本的误排。不作校正，而注“通作‘艨艟’”，终觉背离了原作。

虞美人·枕上

堆来枕上愁何状，江海翻波浪。夜长天色总难明，寂寞披衣起坐数寒星。　晓来百念都灰尽，剩有离人影。一钩残月向西流，对此不抛眼泪也无由。

1921 年

这首词最早发表在 1994 年 12 月 26 日《人民日报》。

这首词作于 1921 年秋天。1920 年冬天，毛泽东在长沙与杨开慧结婚。1921 年秋天，中共湘区委员会成立。7 月，毛泽东代表湖南共产主义小组到上海出席中国共产党第一次全国代表大会。总之，在 1921 年秋天，毛泽东为了革命，曾经离开了杨开慧，在寂寞的夜里作了这首思念杨开慧的词。

上片说，作者有愁堆积在枕上，这种愁像江海中翻腾的波浪，这说明不能入睡，因此觉得夜长，所以说"夜长天色总难明"了，因此"披衣起坐数寒星"。作者为什么要数寒星呢？宋玉《九辩》说："愿寄言夫流星兮。"王逸注："欲托忠策于贤良也。"把"流星"比作"贤良"，鲁迅《自题小像》即作"寄意寒星荃不察"，把"流星"改作"寒星"，这里因用"寒星"也指贤良，这里"数寒星"是指点贤良来表达自己的革命精神吧。那么作者有什么愁呢？自己的革命理想当时还不能实现吧。

下片写天亮了，"百念都灰尽"，各种念头都成灰了，只剩下杨开慧的影子，这不正是作者"数寒星"中最怀念的贤良吗？当看到残月成钩，向西消失，正钩起作者的愁思，所以不抛眼泪也无由了。

西江月·秋收起义

军叫工农革命，旗号镰刀斧头。匡庐一带不停留，要向潇湘直进。　　地主重重压迫，农民个个同仇。秋收时节暮云愁，霹雳一声暴动。

1927 年

这首词最早非正式地发表在《解放军文艺》1957 年 7 月号，是在一篇评论毛泽东诗词的文章中提供的。

1927 年 8 月 7 日，毛泽东同志在汉口出席中共中央紧急会议，当选为临时中央政治局候补委员。会议决定在湘鄂粤赣四省发动秋收暴动。毛泽东回到长沙。8 月 30 日，在湖南省委常委会议上，被任命为中共湖南省委前敌委员会书记。9 月初，毛泽东来到江西安源，部署湘赣边界秋收起义，成立工农革命军第一军第一师，下分三个团。二团以安源工人为主力，一团以卢德铭原国民革命军警卫团为骨干，三团以浏阳农军为主。旗为红色，中央为五星，饰有镰刀、锤子。三个团都向湖南进军。9 月 10

日，毛泽东率领三团前进。9 月 12 日，一团行至金坪，一团的邱国轩部突然反水，部队伤亡很大。14 日，三团在浏阳东门市失利。16 日，二团在浏阳陷入重围。10 月，毛泽东率领起义部队到达井冈山区，成功地创立了中国第一个农村革命根据地。

上片："军叫工农革命，旗号镰刀斧头。"当时的起义军称工农革命军。旗子上有镰刀、锤子，锤子被称为斧头。"匡庐一带不停留，要向潇湘直进。""匡庐"，相传商、周间有匡俗在庐山结庐，因称匡庐，见东晋慧远《庐山记》。"潇湘"，潇水和湘江，指湖南省。在庐山一带不停，要向湖南进军。

下片："地主重重压迫，农民个个同仇。"秋收起义因地主重重压迫，造成农民个个起来反抗。"同仇"，《诗经·秦风·无衣》："修我戈矛，与子同仇。"同心合力打击敌人。"秋收时节暮云愁，霹雳一声暴动。"工农革命军在秋收时节起义，这样的暴动对国民党反动派像打一声霹雳，使他们震惊。作者写反抗压迫的正义战争，总是用美好的景物来作陪衬的，如《渔家傲·反第一次大"围剿"》："万木霜天红烂漫"，是美好的；如《渔家傲·反第二次大"围剿"》："赣水苍茫闽山碧"，景物也不错；像《大柏地》："赤橙黄绿青蓝紫，谁持彩练当空舞？"更是美好。这里却作"秋收时节暮云愁"，用"暮云愁"来作陪衬，这正说明起义的三个团向湖南进军，都受到挫折，所以暮云也为起义军发愁。但这一挫折，立即用一个惊人的"霹雳一声"振起了，即用成功地创立了第一个农村革命根据地振起了，有了这“暮云愁”，使“霹雳一声”振起得更为有力。

按《西江月》的词牌，上片二三句用平声叶韵，四句用仄声叶韵；下片与上片相同。这首词不同，上片第四句不与二三句用仄声叶韵，下片第四句不与二三句用仄声叶韵。上片第四句末字“进”与下片第四句末字“动”在湖南方音属一韵，这样用湖南方音押韵，可能便于湖南起义战士歌唱。至于上下片第四句不同第二三句用仄声叶韵，恐怕是尊重词意不便迁就韵脚。这是作者的词，有改动原词韵脚之处。

六言诗·给彭德怀同志

山高路远坑深，大军纵横驰奔。

谁敢横刀立马？唯我彭大将军！

1935 年 10 月

这首诗最早发表在 1947 年 8 月 1 日《战友报》(冀鲁豫军区政治部主办)。

“六言诗”，每句六个字的诗。偶句押韵，首句可押可不押。句数和平仄都不像律诗那样严格。

中央红军主力长征到达陕北吴起镇时，宁夏马鸿逵、马鸿宾的骑兵跟了上来。毛泽东同志给彭德怀同志批写了一份电报，主张给马家骑兵一个打击，以防把敌人带进根据地。电文有“山高路远沟深”句。10 月 21 日，当马鸿宾的三十五师骑兵团进入二道以后，立即遭到红军猛烈袭击。这次战斗，歼敌一个团，击溃三个团，俘敌约七百人，缴马匹近千。捷报传来，毛泽东挥笔写下这首六言诗，首句即用电文句，改“沟深”为“坑深”。据《彭德怀自述》206—207页说：彭收到这首诗后，把诗的末句“唯我彭大将军”改为“唯我英雄红军”，然后将原诗送还了毛泽东同志。彭德怀（1898—1974），湖南湘潭人。1928年4月加入中国共产党。1928年7月，领导平江起义，参加红军，任红军军长。1930年6月任红三军团总指挥。8月与红一军团会合，组成第一方面军。9月，红军长征出腊子口到哈达铺时，因部队减员，红一方面军和军委纵队整编为中国工农红军陕甘支队，毛泽东同志兼任政委，彭任司令员。这首诗就是这个时期所作。11月初，红一方面军番号恢复，仍由毛、彭以原职领导。

1947年8月中旬，彭德怀指挥沙家店战役，一个黄昏就歼灭胡宗南整编三十六师师部及两个旅，歼敌六千余人，成为我西北野战军转入战略反攻的转折点。毛泽东得到捷报，又将这首诗写给彭德怀同志，后一句依然是“唯我彭大将军”。

“山高路远坑深，大军纵横驰奔。”陕甘边区吴起镇一带的地形特点，村与村之间隔着一条条深沟，有的深沟深达几十米，长几十里。这样的地形，不适于马队奔驰。把“沟深”改为“坑深”，对敌作战，要用坑道作掩体，现在借沟作掩体，故改沟为坑。红军在沟内袭击马家骑兵，敢于取胜，故称“大军纵横驰奔”。作者两次作“唯我彭大将军”，说明战胜攻取，功在指挥官，更说明作者对彭总的倾心赞美。彭总改为“唯我英雄红军”，说明彭总不肯居功，极为谦虚。

临江仙·给丁玲同志

壁上红旗飘落照，西风漫卷孤城。保安人物一时新。洞中开宴会，招待出牢人。　　纤笔一枝谁与似？三千毛瑟精兵。阵图开向陇山东。昨天文小姐，今日武将军。

这首词最早发表在《新观察》1980 年第 7 期。

1936 年夏，著名左翼女作家丁玲逃离被国民党囚禁三年多的南京，秘密经上海、北平、西安，于 11 月来到陕北保安。中央宣传部在一个大窑洞里开会欢迎她，中央领导同志毛泽东、张闻天、周恩来等都出席。会后，毛泽东同志问丁玲打算做什么，她答："当红军。"毛泽东说："好呀！还赶得上，可能还有最后的一仗，跟杨尚昆他们领导的前方总政治部上前方去吧。"不久，她便随红军来到陇东前线。丁玲到了前线，跟随红一方面军一军团行动，聂荣臻是政委，左权是代理军团长。丁玲根据左权的口述，写了《记左权同志话山城堡之战》，那是红军于 11

月21日向胡宗南主力山城堡之敌发起攻击,战斗至22日上午结束,打退了敌人对陕甘宁边区的进攻,这就是毛泽东同志说的对待进攻陕甘宁敌人的最后一仗。接着丁玲在广阳,收到毛泽东用电报发来的给丁玲的欢迎词,就是这首《临江仙》,由红一方面军转交给丁玲的。1937年初,丁玲回延安时,毛泽东又抄录了全文送给她。丁玲(1904—1986),原名蒋冰之,湖南临澧人,1932年加入中国共产党。

上片:“壁上红旗飘落照,西风漫卷孤城。”中共中央宣传部在保安的一座大窑洞里欢迎丁玲,壁上挂着红旗,在西风中飘动,正在太阳落山时。“孤城”指保安,在陕西西北部,是当时党中央所在地,1936年改名志丹县。这两句形象生动地写出当时欢迎丁玲同志的场面。“保安人物一时新。洞中开宴会,招待出牢人。”这里点明“孤城”即是保安。说“保安人物一时新”,有双重的含义,一是指的是新的党中央的领导同志,还有新来的丁玲同志。“招待出牢人”,也有含义,丁玲这位著名的左翼作家,在国民党统治区成为牢中的囚犯,一到党中央所在地,就成为党中央领导同志设宴欢迎的贵宾,这就显出多么的不同,成为对照了。

下片:“纤笔一枝谁与似?三千毛瑟精兵。”丁玲同志细致描绘的文笔像什么呢?像拥有三千枝毛瑟枪的精兵,这是对丁玲文笔的高度赞美。毛瑟,德国毛瑟工厂所制造的步枪和手枪。孙中山在1922年8月24日《与报界的谈话》中说:“常言谓:一枝笔胜于三千毛瑟枪。”这里的“三千毛瑟精兵”,含有三种修辞格:一是比喻格,用“三千毛瑟精兵”来比“纤笔一枝”;二是引用格,引用孙中山的话;三是双关格,“精兵”既可以指精美的兵器,也可以指精练的军队。一枝笔可以抵三千握有毛瑟枪的精练的军队,更有力量。

“阵图开向陇山东。”这句话大概有两层意思:一是指“阵图”,说明红军在陇山以东布下阵图,即指红军第一、二、四方面军于10月在甘肃会宁、静宁地区胜利会师,布好阵地,一举打退胡宗南入侵的主力部队,即指山城堡战役。一是指丁玲的一枝文艺的笔,跟前方总政治部上前方去,即到陇东前线去写这次红军布置的阵地歼灭战。这样,“昨天文小姐,今日武将军”。过去是文艺创作的女作家,今天是到前线去用一枝纤笔足抵三千毛瑟精兵的武将军了。在这里,显示毛泽东同志对丁玲“当红军”的高度赞扬。丁玲到了前线,写出了《记左权同志话山城堡之战》,同样得到毛泽东同志的赞许,所以再写了这首词送给她来表示对她的欢迎。

五律·挽戴安澜将军

外侮需人御，将军赋采薇。
师称机械化，勇夺虎罴威。
浴血东瓜守，驱倭棠吉归。
沙场竟殒命，壮志也无违。

1943 年 3 月

这首诗根据 1943 年戴安澜将军追悼会挽联挽诗登记册刊印。最早非正式地发表在 1983 年 12 月 28 日《人民政协报》，是在一篇诠释这首诗典故的文章中提供的。

"五律"，五言律诗的简称，是律诗的一种。每首八句，每句五个字；偶句末一字押平声韵，首句末字可押可不押，必须一韵到底；句内讲平仄，中间四句要用对仗。

戴安澜(1904—1942)，号海鸥，安徽无为人。黄埔军校毕业后，曾参加北伐。在抗击日本侵华战争中，战功卓著。1939 年任国民党第五军第二〇〇师师长，被授予陆军少将军衔。1942 年 3 月，率第二〇〇师出师缅甸，协同英军对日作战。在孤军深入的情况下，指挥部队英勇奋战，重创日军，解救了被围困的英军。同年 5 月，在率师返国途中，遭日军伏击，身受重伤，不幸牺牲。不久，被国民党政府追授为陆军中将。1956 年，中央人民政府内务部追认戴安澜为革命烈士；1985 年，由中华人民共和国民政部颁发革命烈士证书。

“外侮需人御，将军赋采薇。”对外国的侵略者需要人民去抵抗，戴将军唱出抗战的诗。《采薇》是《诗经·小雅》中抗击敌人侵略的诗，称“岂敢定居，一月三捷”。开始是打胜仗的。“师称机械化，勇夺虎罴威。”戴将军的部队称机械化部队，英勇善战可以夺去敌人如虎如罴的声威。“罴（pí 皮）”，指马熊或人熊。“浴血东瓜守，驱倭棠吉归。”1942 年 3 月 18 日，戴将军固守缅甸的东瓜，击溃日军。4 月 23 日，棠吉失陷，戴将军率部向敌进攻，收复棠吉。“沙场竟殒命，壮志也无违。”从 4 月底到 5 月，战场形势失利，戴将军准备退回祖国，在归途中受到日军的袭击，身负重伤，不幸于 5 月 26 日殉国。戴将军追悼会在广西全州召开，朱德和彭德怀同志送了挽联：“将略冠军门，日寇几回遭重创；英魂归甸境，国人无处不哀思。”戴将军虽然殉国，还是无违于为国牺牲的壮志。

五律·张冠道中

朝雾弥琼宇，征马嘶北风。
露湿尘难染，霜笼鸦不惊。
戎衣犹铁甲，须眉等银冰。
踟蹰张冠道，恍若塞上行。

1947年

这首诗根据抄件刊印。

“张冠道”：1947年3月中旬，胡宗南指挥国民党军十四万余人，向中共中央所在地延安发动进攻。3月18日晚，毛泽东率领中共中央机关撤离延安。随后，他在陕北延川、清涧、子长、子洲、靖边等县转战。张冠道，是他当时转战中经过的一条道路。

“朝雾弥琼宇，征马嘶北风。”早上的雾气充满像玉色的天空，战马在北风中嘶叫。这次行军，真像《诗经·小雅·车攻》中说的“萧萧马鸣”，只有马的叫声，说明行军的整肃，听不见人声。“露湿尘难染，霜笼鸦不惊。”露水打湿黄土地,黄土地上的黄土尘难以染上衣裳,在霜花的笼罩下,鸦也不惊。不像曹操《短歌行》所写惊动乌鹊,使它“绕树三匝,无枝可依”,而是在树上的乌鸦不受到惊动。“戎衣犹铁甲,须眉等银冰。”战袍受到寒露浸湿结冰,有如铁甲,人的须眉沾上雾露,结成银冰。说明在3月里,陕北还是很冷的。“踟蹰张冠道,恍若塞上行。”“踟蹰(chí chú 池除)”,徘徊不前。徘徊在张冠道中,恍惚像在边塞上走路,边塞上是很少有人的,说明在毛泽东领导下行军,可以避开敌人,得到安全。

五律·喜闻捷报

中秋步运河上，闻西北野战军收复蟠龙作。

秋风度河上，大野入苍穹。
佳令随人至，明月傍云生。
故里鸿音绝，妻儿信未通。
满宇频翘望，凯歌奏边城。

1947 年

这首诗根据抄件刊印。

毛泽东在 1947 年 3 月 18 日晚率领中共中央机关走张冠道，避开了胡宗南的大部队。到了中秋节，毛泽东到了运河上，听到彭德怀将军率领的西北野战军打败了胡宗南的部队，收复了延安城东北七十多里的蟠龙镇，写了这首诗。“秋风度河上，大野入苍穹。”这时已是中秋，所以秋风吹到运河上，一望无边的大原野与苍天相接。“穹”指穹隆，在广大的原野里，人们目力所极的地方像穹隆。“佳令随人至，明月傍云生。”中秋节是一个好的节令，在这时接到胜利的喜报，跟着人意到来。中秋节正是月圆的时候，圆月依傍在云边升起，更为可喜。“故里鸿音绝，妻儿信未通。”故乡的音信断绝。“鸿”即大雁，《汉书·苏武传》说大雁可以传达书信，即故乡没有音信。作者的妻儿信息不通。“满宇频翘望，凯歌奏边城。”整个宇宙多次抬头在望着，听见红军胜利的消息，不仅延安的人民在抬头望着西北野战军的胜利，包括国内的人民也在望着，包括国际上的人民也在望着，在延安的边城唱起胜利的凯歌。西北野战军在这年9月中旬，在陕北取得沙家店战役的胜利，收复青化砭、蟠龙镇等地。

浣溪沙·和柳〔亚子〕先生

颜腐齐王各命前，多年矛盾廓无边，而今一扫纪新元。　最喜诗人高唱至，正和前线捷音联，妙香山上战旗妍。

1950年11月

这首词最早发表在人民文学出版社1986年9月版《毛泽东诗词选》。

1950年6月25日，朝鲜战争爆发。27日，美国派出海军和空军，武装支援南朝鲜，并命令第七舰队向我国台湾沿海游弋。28日，外交部长周恩来受权发表声明，强烈谴责美国政府侵略朝鲜、台湾。9月，美军在仁川登陆，使朝鲜战局急转直下。美国还打着联合国军的旗号，越过三八线。中共中央决定组成中国人民志愿军。10月8日，中国人民革命军事委员会主席毛泽东发布《给中国人民志愿军的命令》："着将东北边防军改为中国人民志愿军，迅即向朝鲜境内出动，协同朝鲜同志向侵略者作战并争取光荣的胜利。”并任命彭德怀为中国人民志愿军司令员兼政治委员。10月25日至12月24日，中国人民志愿军在朝鲜人民军的配合下，接连发起第一、二次战役，把敌人赶回三八线附近，扭转了朝鲜战局。

这年10月4日晚和5日晚，柳亚子先生在中南海怀仁堂两次观看中央戏剧学院舞蹈团演出的歌舞剧《和平鸽》，由艺术家欧阳予倩编导，舞蹈家戴爱莲主演。柳亚子看了，填了《浣溪沙》词。毛泽东同志读了这首词，又恰值中国人民志愿军取得第一次战役胜利的捷报传来，就写下了这首和词。

上片：“颜斶齐王各命前，多年矛盾廓无边，而今一扫纪新元。”“颜斶(chù 触)”，战国时齐国士子。《战国策·齐策》：“齐宣王见颜斶曰：‘斶前！’斶亦曰：‘王前！’宣王不悦。……斶对曰：‘夫斶前为慕势，王前为趋士；与使斶为慕势，不如使王为趋士。’”这是比喻蒋介石要柳亚子听从他的反革命主张，柳亚子要蒋介石听从他的革命主张。两人这种矛盾越来越大，没有边际。“而今一扫纪新元”，现在这种矛盾一扫而空。“纪新元”，记下建国后的新的元年，指只写建国后新的革命事业，指写这首词了。

下片：“最喜诗人高唱至，正和前线捷音联，妙香山上战旗妍。”最喜欢诗人柳亚子写的格调高昂的唱词到来，正好跟前线送来的捷报联起来，报道朝鲜西北部妙香山上的军旗美好。

这首词，结合柳亚子先生在解放前与蒋介石斗争的革命精神，再来赞扬柳亚子先生赞美抗美援朝的爱国主义、反对美帝的革命精神，更写出对抗美援朝捷报频传的喜悦心情。

〔附〕柳亚子原词

浣溪沙

中央戏剧学院舞蹈团演出《和平鸽》舞剧，欧阳予倩编剧，戴爱莲女士导演兼饰主角，四夕至五夕，连续在怀仁堂奏技。再成短调，欣赏赞美之不尽矣！

白鸽连翩奋舞前。工农大众力无边。推翻原子更金圆。

战贩集团仇美帝，和平堡垒拥苏联。天安门上万红妍！

这首词前面有小序，说他在1950年10月4日和5日晚在怀仁堂观看《和平鸽》舞剧，非常赞美，写了这首词。

上片："白鸽连翩奋舞前。工农大众力无边。推翻原子更金圆。"这是说《和平鸽》舞剧，连翩起舞。"连翩"是连续不断的样子。"奋舞前"，奋发地在前起舞。"工农大众力无边"句指工农大众组成的中国人民志愿军是战无不胜的。"推翻原子更金圆"，美国有原子弹，又是金圆帝国，指出中国人民志愿军抗美援朝可以打败美帝国主义的侵略军。

下片:“战贩集团仇美帝,和平堡垒拥苏联。天安门上万红妍。”美国和其他帝国主义国家的反动派在第二次世界大战后不久就竭力煽动新的世界战争,从而使他们的军火商得利,被称为战贩集团。1950 年 9 月美国纠集十五国军队,打着联合国军的旗号侵入朝鲜北部。中国人民在抗美援朝斗争中发起了仇视、鄙视、蔑视美帝的宣传运动。本句是说到战贩集团,就仇视美帝;说到和平堡垒,就拥护苏联。这里省去了“说到……就”,是诗词的语言不同于散文的地方。天安门上有万面红旗极为壮丽。

这首词,赞美工农大众组成的中国人民志愿军是英雄无敌的,又反映了仇视美帝的精神,所以得到毛泽东同志的赞赏。

七律·和周世钊同志

春江浩荡暂徘徊，又踏层峰望眼开。
风起绿洲吹浪去，雨从青野上山来。
尊前谈笑人依旧，域外鸡虫事可哀。
莫叹韶华容易逝，卅年仍到赫曦台。

1955 年 10 月

这首诗抄录在 1955 年 10 月 4 日致周世钊的信中，随信最早发表在人民出版社 1983 年 12 月版《毛泽东书信选集》。

1955 年 10 月 4 日，毛泽东同志给周世钊复信，在信尾抄了这首诗。在“域外鸡虫事可哀”里表达了对国际局势的看法。《背景介绍》里认为：当时美苏两大阵营的冷战在继续。美国凭借核优势恫吓弱小国家。1955 年 1 月 28 日，毛泽东在接见芬兰首任驻华大使孙士敦时说：“美国的原子讹诈，吓不倒中国人民。”“世界大战的结果，不是有利于好战分子，而是有利于共产党和世界革命人民。”7 月，毛泽东作《关于农业合作化问题》的报告，全国农村的社会主义合作化高潮迅即到来。为推动形势的发展，毛泽东在 9 月主持编辑了《怎样办农业生产合作社》一书。10 月，印发中共七届六中全会参阅。《背景介绍》认为这就是作者写这首诗的政治背景。

又说：这年 6 月，毛泽东回到长沙。6 月 20 日，他在南郊猴子石跃入湘江，畅游许久，才在岳麓山下的牌楼口登岸。他又在周世钊的陪同下，登上岳麓山。随后，周世钊写下《从毛主席登岳麓山至云麓宫》七律一首和其他几首寄给毛泽东。10 月 4 日，毛泽东复信，回赠这首诗，并说：“读大作各首甚有兴趣，奉和一律，尚祈指正。”这是作者写这首诗的具体经过。“周世钊”见《七律 · 答友人》释。周当时任湖南省教育厅副厅长兼湖南省立第一师范学校校长。

“春江浩荡暂徘徊，又踏层峰望眼开。”作者在湘江里畅游许久，所以说在浩荡的春江里暂时徘徊。当时是 6 月，在湘江里游泳感到凉快，所以称春江，有如春天的感觉。在湘江里游泳，好像在岸上散步，所以称“徘徊”。又登上岳麓山顶观望江天景物，眼界开阔。“风起绿洲吹浪去，雨从青野上山来。”在湘江中游泳时，风从湘江中的绿洲吹起来，吹起波浪；上山时，雨从青色的原野飘上山来。绿洲青野可能与农村有关，风起雨来，可能与农业生产合作化有关，也可能只是写自然界的风起雨来。从《背景介绍》看，认为这两句有政治背景，是指农业生产合作化说的。

“尊前谈笑人依旧，域外鸡虫事可哀。”作者和周世钊进入云麓宫聚餐。“尊”同“樽”，酒杯。“尊前”，酒席前。作者和周是老友，年轻时一起游岳麓山，现在照旧畅游岳麓山。登山观望，“冷眼向洋看世界”，就想到国际上的鸡虫得失的小事争执可以哀叹。唐代杜甫《缚鸡行》：“小奴缚鸡向市卖，鸡被缚急相喧争。家中厌鸡食虫蚁，不知鸡卖还遭烹。虫鸡于人何厚薄？我叱奴人解其缚。鸡虫得失无了时，注目寒江倚山阁。”鸡虫得失的小事情不必关心，国际上为了这些小事情而争执是可悲的。《背景介绍》认为，这些小事情指美苏两大阵营的冷战，指核讹诈，是否对，还得探索。

“莫叹韶华容易逝，卅年仍到赫曦台。”不要感叹美好年华的青春时代容易消逝，我们两人经过了三十年的分别，还是像青年时代一样登上岳麓山顶上的云麓宫。宋代朱熹曾称岳麓山顶为赫曦，后因称山上的台为赫曦台。清代因山上的台已毁，将原“赫曦台”匾额悬于岳麓书院“前台”，由此前台更名赫曦台。用赫曦台，不仅说登上云麓宫，还有“芙蓉国里尽朝晖”的意思。看到国内的形势大好，像太阳升起时的光明盛大一般。

这首诗，工于写景，而用辞富有含义，如写在浩荡的春江中暂时徘徊，用词奇特，这里已有“不管风吹浪打，胜似闲庭信步”的意思，这个意思就在“徘徊”两个字中透露，极见用辞的精练。“风起绿洲吹浪去”，既写景，不又有“不管风吹浪打”的含意吗？这正是景中含意，情景结合。在“尊前谈笑人依旧”里，在谈笑中不正在笑“域外鸡虫”吗？这两句意思联贯而下，不是很好的流水对吗？在“人依旧”里，又含有“莫叹韶华容易逝”的意思在内，韶华未逝，所以“人依旧”美好。在“赫曦台”里，又不仅写到了云麓宫，还含有很好的用意，供人体味无穷。

五律·看山

三上北高峰，杭州一望空。
飞凤亭边树，桃花岭上风。
热来寻扇子，冷去对佳人。
一片飘飖下，欢迎有晚鹰。

1955 年

这首诗最早发表在《党的文献》1993 年第 6 期。

“北高峰”，在浙江省杭州市灵隐寺后，与南高峰相对峙，为西湖群山之一。在北高峰附近有飞凤亭、桃花岭、扇子岭、美人峰等名胜。

“三上北高峰，杭州一望空。”作者三次登上北高峰，在北高峰上，把杭州西湖的美景全部收入眼底，一望都看到了。“飞凤亭边树，桃花岭上风。”除了西湖的美景外，在北高峰上，还可以欣赏飞凤亭边的树，桃花岭上的风。“热来寻扇子，冷去对佳人。”还可以欣赏扇子岭、美人峰，从扇子里想到可以驱热，从美人里，可以想到清冷，这只是作者的想象。“一片飘飖下,欢迎有晚鹰。”像一片叶子飘荡下来,可以欢迎的有晚上的鹰。作者所欣赏的飞凤亭、桃花岭、扇子岭、美人峰,都是静止的。作者在静止的山岭以外,特别欣赏活动的飞鹰。正可以作为静止的山峰的陪衬。

七绝·莫干山

翻身复进七人房，回首峰峦入莽苍。
四十八盘才走过，风驰又已到钱塘。

1955年

这首诗最早发表在《党的文献》1993年第6期。

“莫干山”，在浙江德清县西北。相传春秋时吴国在此铸“莫邪”“干将”二剑，故名。为浙北避暑休养胜地。山中名胜有荫山、上横山、中横山、金家山、塔山、洞山、银铃山等处，较为凉快。

作者游莫干山，不写山中景物，专写归程。“翻身复进七人房，回首峰峦入莽苍。”作者转身进入卧车，七人房是可坐七人的卧车，回头看莫干山的峰峦景色已经迷茫。“莽苍”，指空旷迷茫中有青苍色。“四十八盘才走过，风驰又已到钱塘。”到莫干山去有四十八盘曲折盘旋的山间公路，走过了山间公路，汽车像风驰那样到了杭州市。

这首诗说明作者并不留恋于莫干山的景色，对莫干山的名胜古迹不加注意。不从进莫干山写起,是从离开莫干山时写起,对莫干山的峰峦,只留下一片莽苍。主要是写山路的盘曲和很快回到杭州市,这是突出诗人感受的一种写法。

七绝·五云山

五云山上五云飞，远接群峰近拂堤。
若问杭州何处好，此中听得野莺啼。

1955 年

这首诗最早发表在《党的文献》1993 年第 6 期。

“五云山”是杭州西南群山之一，靠近钱塘江。山上有五峰峙立，林壑幽美，有石磴千余级。顶有平岗。相传有五色云盘旋山顶，故名。登山可观钱塘江，山脚靠近江堤。“五云山上五云飞，远接群峰近拂堤。”相传五云山上有五色云在上面飞动，登上五云山，远处可以和群峰相连接，近处靠近江堤，“拂”指靠近。“若问杭州何处好，此中听得野莺啼。”倘问杭州的五云山上有什么好处，这里有好听的野莺啼叫。这首诗是写五云山的，因之，这个“此中”指五云山中。五云山中的五云是古代传说，看不见的，能看见的都是静止的峰峦树石，只有莺啼是活泼可听的，所以赞美莺啼。

七绝·观潮

千里波涛滚滚来，雪花飞向钓鱼台。
人山纷赞阵容阔，铁马从容杀敌回。

1957 年 9 月

这首诗最早发表在《党的文献》1993 年第 6 期。

观潮是观赏浙江省钱塘江口的潮水。浙江流到杭州市东南称钱塘江，江口的两岸有龛赭二山，南北对峙，称鳖子门，海潮因受鳖子门的约束，来势如万马奔腾，阴历八月十八日，午潮更大，极为壮观。作者在 1957 年 9 月 11 日(即阴历八月十八日)到海宁七星庙观潮。

“千里波涛滚滚来，雪花飞向钓鱼台。”潮水是从海里来的，冲向钱塘江，声势极大，所以称“千里波涛滚滚来”。海涛激起的浪花称为雪花。钱塘江流到富春县称为富春江，富春江是钱塘江的中段。钓鱼台在富春江上，为东汉严光(字子陵)隐居钓鱼处。钱塘江的浪花不可能冲到钓鱼台，这是作者的想象，用于形容波涛之壮丽。“人山纷赞阵容阔，铁马从容杀敌回。”观潮的人像人山人海，纷纷赞美潮水像万马奔腾的壮阔阵容，因此想到陆游在《十一月四日风雨大作》诗：“夜阑卧听风兼雨，铁马冰河入梦来。”看到钱塘江潮，引起了“铁马从容杀敌回”的想象。

七绝·刘蕡

千载长天起大云，中唐俊伟有刘蕡。
孤鸿铩羽悲鸣镝，万马齐喑叫一声。

1958 年

这首诗根据作者审定的抄件刊印。

刘蕡(fén 坟)(？—842)字去华，幽州昌平(今北京市昌平)人。中唐大和二年(828)，举贤良方正，刘蕡对策称："宫闱将变，社稷将危"，"阍寺持废立之权"，"四凶在朝，虽强必诛"。痛论宦官(太监)专权，能废立君主，危害国家，劝皇帝诛灭他们。考官赞赏刘蕡的文章，但怕得罪宦官，不敢录取他。当时的地方长官令狐楚、牛僧孺都征召他做幕僚，用他做秘书郎。终因宦官诬陷，贬为柳州司户参军，死在那里。作者读《旧唐书·刘蕡传》，很赞赏他，旁批"起特奇"。

"千载长天起大云，中唐俊伟有刘蕡。"从刘蕡到现在，已经有上千年了，所以称"千载"。刘蕡的对策，好比在长天中升起大云。唐朝李商隐《哭刘司户蕡》说:“路有论冤谪,言皆在中兴。”道路上的人论刘蕡的谪官是冤枉的,这是人民的公论。说刘蕡的话都在中兴唐朝。当时唐朝正在趋向没落,倘照刘蕡的话办就可以中兴唐朝。《新唐书·刘蕡传》里引了唐朝罗衮的话,说:“使蕡策早用,则杜渐防萌,逆节可消。”即宦官的祸害可以消灭。《尚书大传》里讲舜首唱的《卿云歌》,说:“日月光华,旦复旦兮。”假定唐朝用了刘蕡的对策,唐朝就可“日月光华,旦复旦兮”。

“孤鸿铩羽悲鸣镝,万马齐喑叫一声。”刘蕡正像孤飞的大雁。“铩(shā 杀)羽悲鸣镝(dí 敌)”,大雁的翅膀,可悲地被响箭射伤了,这正写他受宦官诬陷死去,当时唐朝大家都怕宦官,不敢得罪他们,好像万马齐喑(yīn 阴),没有声音。只有刘蕡在对策里攻击宦官,成为“叫一声”了,这一声在当时引起了很大影响,惊动了两处地方长官,引起了人们认为这是中兴唐朝的声音。

七绝·屈原

屈子当年赋楚骚，手中握有杀人刀。
艾萧太盛椒兰少，一跃冲向万里涛。

1961 年秋

这首诗根据作者审定的抄件刊印。

“屈子”，指屈原（前 340—前 278），名平，字原，战国楚人，是我国最早的大诗人。曾辅佐楚怀王，官至左徒、三闾大夫，遭谗去职。楚顷襄王时被放逐。因无力挽救楚国的危亡，深感自己的政治理想无法实现，遂投汨罗江而死。

“屈子当年赋楚骚，手中握有杀人刀。”屈原在当年的楚国作了《离骚》，好比手里掌握着杀人的刀，这是比喻《离骚》的战斗作用。“艾萧太盛椒兰少，一跃冲向万里涛。”“艾萧”是草，比奸佞小人太兴盛，“椒兰”是香草，比贤德的人少，因此屈原在悲愤中一跳冲向汨罗江里流向万里的波涛。

七绝二首·纪念鲁迅八十寿辰

博大胆识铁石坚，刀光剑影任翔旋。
龙华喋血不眠夜，犹制小诗赋管弦。

鉴湖越台名士乡，忧忡为国痛断肠。
剑南歌接秋风吟，一例氤氲入诗囊。

1961 年

这首诗根据抄件刊印。

鲁迅（1881—1936），浙江绍兴人，现代伟大的文学家、思想家和革命家。“博大胆识铁石坚，刀光剑影任翔旋。”鲁迅具有广博伟大的胆气和见识，像铁石那样坚强。他在敌人的刀光剑影中任意地飞翔盘旋，敌人不能伤害他。“龙华喋血不眠夜，犹制小诗赋管弦。”指 1931 年 2 月 7 日深夜，国民党反动派在上海龙华，秘密杀害包括“左联”作家李伟森、柔石、胡也频、冯铿、白莽在内的革命青年共二十三人。鲁迅在《为了忘却的记念》一文中说：

“在一个深夜里……我沉重的感到我失掉了很好的朋友，中国失掉了很好的青年，我在悲愤中沉静下去了，然而积习却从沉静中抬起头来，凑成了这样的几句：惯于长夜过春时……”

“鉴湖越台名士乡，忧忡为国痛断肠。”“鉴湖”，在浙江省绍兴城西南两公里。附近有山阴（今绍兴）人陆游吟诗的快阁。清末女革命家秋瑾（1875—1907）亦是山阴人，自号鉴湖女侠。“越台”，即越王台，春秋时越王勾践在会稽（今绍兴）为招贤士而建。说明鲁迅的故乡绍兴是古今名人荟萃之地。他们为了爱国而忧愁不安悲痛断肠。

“剑南歌接秋风吟，一例氤氲入诗囊。”“剑南歌”，指陆游的诗集《剑南诗稿》所收诗作。“秋风吟”，指秋瑾作的《秋风曲》诗和被清政府杀害前书写的唯一供词“秋风秋雨愁煞人”。说陆游的爱国诗歌可与秋瑾的爱国诗歌相衔接。“一例”，意即一律，一样。“氤氲（yīn yūn 因晕）”，形容烟或云气很盛，这里比喻陆游、秋瑾与鲁迅的诗篇，富有诗味和爱国热忱。“诗囊”，装诗稿的袋子。李商隐《李长吉小传》称，李贺“背一古破锦囊，遇有所得，即书投囊中”。本句意思是陆游和秋瑾的诗和鲁迅的诗，富有诗味和爱国情操。

杂言诗·八连颂

好八连，天下传。
为什么？意志坚。
为人民，几十年。
拒腐蚀，永不沾。
因此叫，好八连。
解放军，要学习。
全军民，要自立。
不怕压，不怕迫。
不怕刀，不怕戟。
不怕鬼，不怕魅。
不怕帝，不怕贼。
奇儿女，如松柏。
上参天，傲霜雪。
纪律好，如坚壁。
军事好，如霹雳。
政治好，称第一。

思想好，能分析。
分析好，大有益。
益在哪？团结力。
军民团结如一人，
试看天下谁能敌。

1963年8月1日

这首诗最早发表在1982年12月26日《解放军报》。

“杂言诗”，是旧体诗的一种格式，全诗每句字数不固定。这首诗除末两句七言外，都是每句三言。

1963年4月25日，国防部批准授予上海某部八连为“南京路上好八连”的光荣称号。1949年5月，这个连队进驻上海南京路。经过十四年，连队身居闹市，一尘不染，勤俭节约，克己奉公，热爱人民，助人为乐。作者因此写诗赞美他们。

这首诗，除了末两句是七言外，都是三言句。用三言句来写，短促而有力，适应表达这首诗情感的需要。一开头就指出“好八连，天下传”，开宗明义，称“好八连”是天下传颂的。“为什么？意志坚。”由于意志坚定，才成为“好八连”。意志怎样坚定呢？这里指出一是“为人民”，即为人民服务，是几十年为人民服务。还有“永不沾”，即一尘不染，不受闹市中奢风靡雨的污染。“因此叫，好八连”。这种好作风，“解放军，要学习”，可以作为解放军的模范,所以解放军也要向他们学习。这种好作风,是从意志坚定里来的。有了坚定的意志,才能自立,才能保持这样的好作风。所以“全军民,要自立”,所有全国军民,都要立定这种坚定的意志。在这里,更进一步,不仅解放军要向他们学习,全国人民也要向他们学习。

接下来用了八个排比句来赞美好八连,来加强赞美好八连的力量。这八个排比句是:“不怕压,不怕迫。”解放军是反压迫的。“不怕刀,不怕戟。”刀戟指武器,指不怕武器。这里讲的武器,举刀戟来作代表,这是就三言句说的,实际上是指不怕一切武器在内,包括核武器和导弹在内。因此这里的刀戟,只是作为武器的代称。“不怕鬼,不怕魅。”“魅(mèi 妹)”,鬼怪,即不怕鬼怪,不迷信。“不怕帝,不怕贼。”“帝”指帝国主义,与帝国主义并称的是修正主义,但这里要押韵,不能说“不怕修”,所以改说“不怕贼”,修正主义是革命党内部的叛变者,所以称“贼”吧。这里用了八个“不怕”是排比句,用排比句可以增强不怕的力量。

接下来用比喻格来说,这里又有变化。先说:“奇儿女,如松柏。”好八连是人民的子弟兵,所以称“奇儿女”,用一“奇”字,指出它的奇特,不平凡。用“如松柏”来比,再加说明,如松柏的什么呢?“上参天,傲霜雪。”写挺立如松柏上参天,不怕寒冷如松柏的傲霜雪。下面再用两个比喻:“纪律好,如坚壁。军事好,如霹雳。”这两个比喻,只说如什么,不加说明,与第一个比喻“如松柏”,再加两句说明不同，这是修辞上的错综格。需要说明的加说明，不需要说明的不加说明。“如坚壁”，写纪律的不可违反，“如霹雳”，写在军事上有极大的声威，使敌人害怕。坚定的壁，也指山崖，如悬崖峭壁，这里含有金国军队称岳家军“撼山易，撼岳家军难”的意思，即不可动摇。这里连用三个比喻，称为博喻。钱锺书先生在《宋诗选注》的苏轼篇里讲到博喻道：“一连串把五花八门的形象来表达一件事物的一个方面或一种状态。这种描写和衬托的方法仿佛是采用了旧小说里讲的‘车轮战法’，连一接二的搞得那件事物应接不暇，本相毕现，降伏在诗人的笔下。”这里举的三个比喻，含义丰富。含有“天下谁能敌”的意思在内。

接下来再加说明：“政治好，称第一。”军事必须服从政治，所以政治好是第一位，政治好必须建立在思想上，所以要“思想好，能分析”，思想好又离不开对事物的分析，分析出事物的正确和错误。“分析好，大有益。”这里就需要掌握唯物辩证法，培养为正义而战斗的坚强意志。“益在哪？团结力。”有了坚强意志，就能够巩固团结。“军民团结如一人，试看天下谁能敌。”这是把好八连的精神贯彻到整个人民解放军中去，贯彻到全国人民中去，把全中国军民团结起来熔铸为一个巨人，那样的巨人，真如“安得倚天抽宝剑”的巨人，可以把昆仑裁为三截那样，试看天下谁能敌了。这样，作者对好八连的赞美，不局限在一个“好八连”上，是在发挥好八连的精神，用来团结整个人民解放军。不仅这样,还用来团结全中国的军民。这样把全中国的军民团结成一个巨人,那就是天下无敌了。作者发挥高度的想象力,这种想象力,在《长征》中,可以把五岭乌蒙比作细浪泥丸;在《昆仑》里塑造出倚天抽长剑的巨人。在这首诗里,更具体地发挥好八连的精神,使“军民团结如一人”,塑造出天下无敌的英雄形象来。由于是根据好八连的形象加以发挥的,因此更具有说服力,更使人信服。

念奴娇·井冈山

参天万木，千百里，飞上南天奇岳。故地重来何所见，多了楼台亭阁。五井碑前，黄洋界上，车子飞如跃。江山如画，古代曾云海绿。　弹指三十八年，人间变了，似天渊翻覆。犹记当时烽火里，九死一生如昨。独有豪情，天际悬明月，风雷磅礴。一声鸡唱，万怪烟消云落。

1965 年 5 月

这首词最早发表在人民文学出版社 1986 年 9 月版《毛泽东诗词选》。

这首词，是作者在写《水调歌头·重上井冈山》时期写的。作者在 1965 年 5 月 25 日在井冈山茨坪写了《重上井冈山》，在茨坪住了七天。在这七天中，又写了《井冈山》这首词。是不是作者先写了《井冈山》这首词，觉得余意未尽，再写了《重上井冈山》，无法知道。不过就《重上井冈山》正式发表，而这首《井冈山》没有正式发表看，也许是符合上面的猜测的。对这首词,正可以结合《重上井冈山》来看。

上片:“参天万木,千百里,飞上南天奇岳。”作者从长沙坐汽车登上井冈山,在进山后的路上,看到耸入高空的大树,汽车沿着上山公路到达“南天奇岳”的井冈山。说“飞上”,好比《登庐山》诗的“跃上”。“奇岳”指井冈山。“故地重来何所见,多了楼台亭阁。”在《重上井冈山》里称“千里来寻故地,旧貌变新颜。到处莺歌燕舞”,这里作“多了楼台亭阁”,写“莺歌燕舞”,比人民的歌舞升平,比“多了楼台亭阁”更重要。“五井碑前,黄洋界上,车子飞如跃。”井冈山上,以茨坪为中心,有大井、小井、上井、中井、下井,立有五井碑。这里讲坐车经过五井碑到黄洋界,车子如飞跃。《重上井冈山》作:“过了黄洋界,险处不须看。”这样写,似含有黄洋界特别值得纪念的意味。“江山如画,古代曾云海绿。”这是写景,说这里古代曾经认为是海。

下片:“弹指三十八年,人间变了,似天渊翻覆。”《重上井冈山》作:“风雷动,旌旗奋,是人寰。三十八年过去,弹指一挥间。”这里只作三十八年过去,像弹一下指那样快,人间变了,像天翻地覆。不称“天地”,而作“天渊”,这里要用个平声字,故作“天渊”。这里没有点出革命来。《重上井冈山》点出革命,即“风雷动”,还有“旌旗奋”,即红旗奋起。“犹记当时烽火里,九死一生如昨。”这里指在上井冈山前的秋收起义时,作者处境危险,有九死一生的事。在《秋收起义》的《背景介绍》里说："当时我正在组织军队，奔走于汉冶萍矿工和农民武装之间的时候，我被一些国民党勾结的民团抓到了。""我决定设法逃跑。但是，直到离民团总部大约不到二百米的地方，我才找到机会，一下子挣脱出来，往田野里跑。"这就是九死一生的事，还像昨日的事一样。"独有豪情，天际悬明月，风雷磅礴。一声鸡唱，万怪烟消云落。"在结尾处讲到革命豪情，像天边明月那样高照。"一声鸡唱"，大陆解放，一切鬼怪都消灭了。这样在结尾处点明革命的伟大胜利，是好的。《重上井冈山》在结尾处另起一头："可上九天揽月，可下五洋捉鳖，谈笑凯歌还。世上无难事，只要肯登攀。"这个意思，在《井冈山》里没有。看来《重上井冈山》的内容，比《井冈山》丰富些。从这两首词看，同样写"重上井冈山"，所反映的内容稍有不同，用来反映生活的形象各有不同，所以可以并存。

七律·洪都

到得洪都又一年,祖生击楫至今传。
闻鸡久听南天雨,立马曾挥北地鞭。
鬓雪飞来成废料,彩云长在有新天。
年年后浪推前浪,江草江花处处鲜。

1965 年

这首诗最早发表在1994年12月26日《人民日报》。

这首诗的题目“洪都”,指南昌市。王勃《滕王阁序》:“南昌故郡,洪都新府。”南昌,唐朝称为洪都府。1965年5月,毛泽东同志从长沙出发,到了井冈山,写了《水调歌头·重上井冈山》。这次南来,毛泽东同志也到了南昌,写了这首诗。作者于1964年曾到过南昌,所以说:“到得洪都又一年,祖生击楫至今传。”“祖生”,是东晋时的祖逖,当时匈奴族刘渊,侵占黄河流域,建立了汉国。晋元帝在建康(今南京)建都。祖逖率领亲族投靠晋元帝,元帝封他为奋威将军、豫州刺史。祖逖带领百余家渡长江,在中流击楫。发誓说:“祖逖不能收复中原,决不回来!”祖逖这种爱国精神,到现在还在传诵。

次联:“闻鸡久听南天雨,立马曾挥北地鞭。”想到祖逖的事,又想到祖逖的闻鸡起舞。《晋书·祖逖传》说:祖逖与刘琨两人都在司州(治所在洛阳)做主簿(长官手下面的属官),感情极好,同被共寝。半夜听见鸡叫,祖逖推醒刘琨说:“这不是恶声。”因此两人起身舞剑。《诗经·郑风·风雨》:“风雨如晦,鸡鸣不已。”这是说,解放前,南方天气风雨如晦,意指在反动派的黑暗统治下,作者和同志们像闻鸡起舞那样振奋起来。“立马”指骑在马上,曾经挥动向北方进军的鞭子。两句概括地写出推翻三座大山的革命斗争,包括建立根据地,粉碎敌人的“围剿”,领导万里长征、抗日战争、解放战争,表达出豪迈的革命精神。

三联:“鬓雪飞来成废料,彩云长在有新天。”这是说鬓发花白了,人老了。“成废料”,指新陈代谢的规律,而党的革命事业,却像彩云长期存在,不断更新,这正如:“长江后浪推前浪,世上新人换旧人。”

末联:“年年后浪推前浪,江草江花处处鲜。”以人事说,年年像长江的后浪推前浪那样,不断更新;就革命事业说,像江草江花那样处处新鲜美好;从个别的人来说,是新陈代谢的,有新人起来换掉旧人,所以伟大的革命事业永远蓬勃向前。作者在这首诗里,不仅表达了革命者的豪情壮志,也表达了马列主义的辩证观点。

七律·有所思

正是神都有事时，又来南国踏芳枝。
青松怒向苍天发，败叶纷随碧水驰。
一阵风雷惊世界，满街红绿走旌旗。
凭阑静听潇潇雨，故国人民有所思。

1966 年 6 月

这首诗根据作者审定的抄件刊印。

这首诗的题目叫《有所思》，在诗的最后点明“故国人民有所思”，说明“有所思”的是祖国人民的想法，作者是从祖国人民的想法说的。祖国人民有什么想法呢？“正是神都有事时，又来南国踏芳枝。”“神都”，古谓京城，这里指首都北京。“南国”，中国南方的泛称。作者写这首诗的前后，正在南方巡视。1966 年 5 月 15 日至 6 月 15 日在杭州；还去长沙，于 17 日到韶山滴水洞，在那里住了十一天，28 日赴武汉。

正是首都北京有事的时候，作者却又到南方来踏青。

“踏芳枝”就是踏青，这里指到南方来巡视。在首都当然有事做。那么为什么要到南方来巡视呢？到南方来叫“踏芳枝”，踏看芳香的枝条，怎样踏看呢？“青松怒向苍天发，败叶纷随碧水驰。”踏是踏地，即亲自到各地来观察，看到青松，让它奋发地向苍天发展，看见败叶，让它纷纷随着碧水流走。还要“一阵风雷惊世界，满街红绿走旌旗”。像打一阵霹雳那样惊动全世界，看到满街上的人举着红绿的旗子在奔跑，举红旗表示革命的胜利，举绿旗表示实行科学的胜利。“凭阑静听潇潇雨”，作者在这时就像岳飞在唱爱国的《满江红》词那样，倚靠栏杆静静听骤急的雨势，充满着激烈的壮怀。这就是祖国人民的想法。说明作者的想法就是祖国人民的想法。

七绝·贾谊

贾生才调世无伦，哭泣情怀吊屈文。
梁王堕马寻常事，何用哀伤付一生。

这首诗根据抄件刊印。

“贾生才调世无伦，哭泣情怀吊屈文。”“贾生才调世无伦”，本句用李商隐《贾生》“贾生才调更无伦”。“贾生”，指贾谊（前200—前168），洛阳（今河南洛阳东）人，时称贾生，西汉政治家、文学家。初被汉文帝召为博士，不久迁为太中大夫。文帝想任他为公卿，因遭大臣周勃、灌婴等排挤，贬为长沙王太傅。“才调”，指才气、才能。“吊屈文”，贾谊贬为长沙王太傅后，渡湘江时有感于屈原忠而见疏，作《吊屈原赋》，“因以自喻”，在哭泣中写这篇赋的。“梁王堕马寻常事，何用哀伤付一生。”贾谊后被征拜为梁怀王太傅，因梁怀王堕马死去，他认为自己“为傅无状”，忧郁自伤，不久去世。作者非常赞赏贾谊的才华，认为梁王堕马死去是寻常的事，贾谊何用哀伤而死，不值得，并感到很惋惜。

七律·咏贾谊

少年倜傥廊庙才，壮志未酬事堪哀。
胸罗文章兵百万，胆照华国树千台。
雄英无计倾圣主，高节终竟受疑猜。
千古同惜长沙傅，空白汨罗步尘埃。

这首诗根据抄件刊印。

“少年倜傥廊庙才，壮志未酬事堪哀。”“少年倜傥（tì tǎng 替淌）廊庙才”，是说贾谊年少有才，豪爽洒脱，是国家的栋梁之材。据《汉书·贾谊传》载，贾谊十八岁时，以能诵读《诗》、《书》，善文章，为郡人所称；二十多岁任博士，一年之内超迁为太中大夫。“廊庙”，指朝廷，“廊庙才”，指才能和才气可任朝廷要职的人。

“胸罗文章兵百万，胆照华国树千台。”“胸罗文章”，指贾谊胸有锦绣文章。他的政论文如《过秦论》、《治安策》、《论积贮疏》等，提出了一系列治国策略和改革制度的主张，表现出卓越的政治远见和才能。“兵百万”，比喻贾谊的治国策略好像统军韬略，能指挥百万军队。“胆照”，指他肝胆照人。“华国”，即华夏，这里指汉王朝。“树千台”，指建立众多的诸侯国。汉制设立“三台”，即尚书为中台，主行政；御史为宪台，主监察；谒者为外台，主外交。建立众多的诸侯国，一个诸侯国里也有三台，有主行政、主监察、主外交的官。建立众多的诸侯国，则势将设立千台。贾谊主张加强中央集权，削弱诸王国势力。他在《治安策》中指出，“欲天下之治安，莫若众建诸侯而少其力”。主张诸王国分封他的众子为诸侯，削弱诸王国的力量。

“雄英无计倾圣主，高节终竟受疑猜。”贾生是出类拔萃的英杰，没有办法去打动汉文帝尽其才，反而因具有高尚节操受到排挤。

“千古同惜长沙傅，空自汨罗步尘埃。”千年来同情被贬为长沙王太傅的贾谊，他徒然认识屈原投汨罗江自杀，而他终于走屈原的后路。他因梁怀王堕马死去而忧伤亡故，同于屈原的投江自杀，还是步了屈原的后尘。尤其是他与屈原的政治命运相同，都是因才遭贬，壮志未酬。

附　录

致臧克家等

克家同志和各位同志：

惠书早已收到，迟复为歉！遵嘱将记得起来的旧体诗词，连同你们寄来的八首，一共十八首，抄寄如另纸，请加审处。

这些东西，我历来不愿意正式发表，因为是旧体，怕谬种流传，贻误青年；再则诗味不多，没有什么特色。既然你们以为可以刊载，又可为已经传抄的几首改正错字，那么，就照你们的意见办吧。

《诗刊》出版，很好，祝它成长发展。诗当然应以新诗为主体，旧诗可以写一些，但是不宜在青年中提倡，因为这种体裁束缚思想，又不易学。这些话仅供你们参考。

同志的敬礼！

毛泽东

1957年1月12日

这是毛泽东同志写给《诗刊》主编臧克家同志和其他编委的信。这封信连同作者十八首诗词一并在1957年1月25日出版的《诗刊》创刊号上发表。《诗刊》的《编后记》里说：

“这一期，我们发表了毛泽东主席交给我们的十八首旧体诗词和关于诗的一封信……”

“这十八首诗词，大部分是近作和未发表过的作品，其中有几首旧作曾在一些报刊出版物中发表过，另外有几首则经过传抄，也已经广泛地流传。但在那些报刊出版物上发表时，在传抄时，大都出现过一些错字。这一次，我们发表的是经过毛主席亲手校订了的。”

“毛主席给编委的信，我们在征得他的同意后，同他的作品一起发表在创刊号上。这封信对于新诗、旧体诗词，新诗和旧体诗词的关系，表示了明确的意见。这封信，对于我们的诗歌运动、诗歌创作，都是极为重要的。”

“我们相信，这些诗词和来信的发表，在我们的生活和斗争中，在我们的文学事业中所要发生的深刻的影响，将是不可估量的。”

毛泽东同志在《诗刊》创刊号上发表的十八首诗词是：《长沙》(1925年)、《黄鹤楼》(1927年春)、《井冈山》(1928年秋)、《元旦》(1930年1月)、《大柏地》(1933年夏)、《会昌》(1934年夏)、《娄山关》(1935年2月)、《十六字令》三首(1934 年到 1935 年)、《长征》(1935 年 10 月)、《昆仑》(1935 年 10 月)、《六盘山》(1935 年 10 月)、《雪》(1936 年 2 月)、《七律·和柳亚子先生》(1949 年 4 月 29 日)、《浣溪沙·和柳亚子先生》(1950 年 10 月)、《北戴河》(1954 年夏)、《游泳》(1956 年 6 月)。这十八首诗词交给《诗刊》时都没注明创作年月,因此《诗刊》编者不知道这十八首诗词的创作年月,以为“大部分是近作”,其实只有《游泳》一首是上一年作的,或可称为近作。

致李淑一

淑一同志：

惠书收到。过于谦让了。我们是一辈的人，不是前辈后辈关系，你所取的态度不适当，要改。已指出“巫峡”，读者已知所指何处，似不必再出现“三峡”字面。大作[①]读毕，感慨系之。开慧所述那一首[②]不好，不要写了吧。有《游仙》一首为赠。这种游仙，作者自己不在内，别于古之游仙诗[③]，但词里有之，如咏七夕之类。我失骄杨君失柳，杨柳轻飏直上重霄九。问讯吴刚何所有，吴刚捧出桂花酒。寂寞嫦娥舒广袖，万里长空且为忠魂舞。忽报人间曾伏虎，泪飞顿作倾盆雨。

暑假或寒假你如有可能，请到板仓代我看一看开慧的墓。此外，你如去看直荀的墓的时候，请为我代致悼意。你如见到柳午亭先生[④]时，请为我代致问候。午亭先生和你有何困难，请告。

为国珍摄！

毛泽东

1957 年 5 月 11 日

〔注释〕

①指李淑一《菩萨蛮·惊梦》:“兰闺索寞翻身早,夜来触动离愁了。底事太难堪,惊侬晓梦残。　征人何处觅?六载无消息。醒忆别伊时,满衫清泪滋。”

②指《虞美人·枕上》。

③见《蝶恋花·答李淑一》说明。

④柳午亭是柳直荀之父。

读范仲淹[1]两首词的批语

词有婉约、豪放两派，各有兴会，应当兼读。读婉约派久了，厌倦了，要改读豪放派。豪放派读久了，又厌倦了，应当改读婉约派。我的兴趣偏于豪放，不废婉约。婉约派中有许多意境苍凉而又优美的词。范仲淹的上两首，介于婉约与豪放两派之间，可算中间派吧；但基本上仍属婉约，既苍凉又优美，使人不厌读。婉约派中的一味儿女情长，豪放派中的一味铜琶铁板[2]，读久了，都令人厌倦的。人的心情是复杂的，有所偏袒仍是复杂的。所谓复杂，就是对立统一。人的心情，经常有对立的成分，不是单一的，是可以分析的。词的婉约、豪放两派，在一个人读起来，有时喜欢前者，有时喜欢后者，就是一例。睡不着，哼范词，写了这些。江青看后，给李讷看一看。

1957 年 8 月 1 日

〔附〕范仲淹词二首

苏幕遮

碧云天，黄叶地，秋色连波，波上寒烟翠。山映斜阳天接水，芳草无情，更在斜阳外。　黯乡魂[3]，追旅思，夜夜除非，好梦留人睡。明月楼高休独倚，酒入愁肠，化作相思泪。

渔家傲

塞下秋来风景异[4]，衡阳雁去无留意[5]。四面边声连角起[6]。千嶂里，长烟落日孤城闭。　浊酒一杯家万里[7]，燕然未勒归无计[8]。羌管悠悠霜满地[9]。人不寐，将军白发征夫泪。

〔注释〕

①范仲淹(989—1052)，字希文，北宋吴县(今江苏苏州)人。历任陕西经略副使、参知政事、河东陕西宣抚使等。他是北宋著名的政治家、文学家、军事家。

②铜琶铁板：相传宋苏轼问歌者："我词比柳(永)词何如？"对曰："柳中郎词只好十七八女儿执红牙拍板，歌'杨柳岸晓风残月'；学士词，须关西大汉抱铜琵琶，执铁绰板，唱'大江东去'。"见宋俞文豹《吹剑续录》。

③黯(àn暗)乡魂：指心神因怀念家乡而悲伤。

④塞(sài赛)下：指西北边地。

⑤衡阳雁去:衡阳有回雁峰,相传秋天北雁南飞,到衡阳去。

⑥边声:边地的军号声等。角:军中的号角声,即军号声。古代用角作军号。

⑦浊酒:颜色浑浊的米酒。

⑧燕然未勒:燕然山,即今蒙古人民共和国的杭爱山。《后汉书·窦宪传》,窦宪出击匈奴,登燕然山,刻石纪功而还。勒,刻石。这里指大功未成。

⑨羌管:笛子,是西北少数民族羌人发明的。

致胡乔木

乔木同志：

睡不着觉，写了两首宣传诗，为灭血吸虫而作。请你同《人民日报》文艺组同志商量一下，看可用否？如有修改，请告诉我。如可以用，请在明天或后天《人民日报》上发表，不使冷气。灭血吸虫是一场恶战。诗中坐地、巡天、红雨、三河之类，可能有些人看不懂，可以不要理他。过一会，或须作点解释。

毛泽东

1958年7月1日

《七律二首·送瘟神》后记

六月三十日《人民日报》发表文章说，余江县基本消灭了血吸虫，十二省、市灭疫大有希望。我写了两首宣传诗，略等于近来的招贴画，聊为一臂之助。就血吸虫所毁灭我们的生命而言，远强于过去打过我们的任何一个或几个帝国主义。八国联军，抗日战争，就毁人一点来说，都不及血吸虫。除开历史上死掉的人以外，现在尚有一千万人患疫，一万万人受疫的威胁。是可忍，孰不可忍？然而今之华佗们在早几年大多数信心不足，近一二年干劲渐高，因而有了希望。主要是党抓起来了，群众大规模发动起来了。党组织，科学家，人民群众，三者结合起来，瘟神就只好走路了。

1958年7月1日

致周世钊

惇元兄：

赐书收到，十月十七日的，读了高兴。受任新职，不要拈轻怕重，而要拈重鄙轻。古人有云：贤者在位，能者在职，二者不可得而兼。我看你这个人是可以兼的。年年月月日日时时感觉自己能力不行，实则是因为一不甚认识自己；二不甚理解客观事物——那些留学生们，大教授们，人事纠纷，复杂心理，看不起你，口中不说，目笑存之，如此等类。这些社会常态，几乎人人要经历的。此外，自己缺乏从政经验，临事而惧，陈力而后就列，这是好的。这些都是实事，可以理解的。我认为聪明、老实二义，足以解决一切困难问题。这点似乎同你谈过。聪谓多问多思，实谓实事求是。持之以恒，行之有素，总是比较能够做好事情的。你的勇气，看来比过去大有增加。士别三日，应当刮目相看了。我又讲了这一大篇，无非加一点油，添一点醋而已。“坐地日行八万里”，蒋竹如讲得不对，是有数据的。地球直径约一万二千五百公里，以圆周率三点一四一六乘之，得约四万公里，即八万华里，这是地球的自转（即一天时间）里程。坐火车、轮船、汽车，要付代价，叫做旅行。坐地球，不付代价（即不买车票），日行八万华里，问人这是旅行吗？答曰不是，我一动也没有动。真是岂有此理！囿于习俗，迷信未除。完全的日常生活，许多人却以为怪。巡天，即谓我们这个太阳系（地球在内）每日每时都在银河系里穿来穿去。银河一河也，河则无限，“一千”言其多而已。我们人类只是“巡”在一条河中，“看”则可以无数。牛郎晋人，血吸虫病，蛊病，俗名鼓胀病，周秦汉累见书传，牛郎自然关心他的乡人，要问瘟神情况如何了。大熊星座，俗名牛郎星，（是否记错了？）属银河系①。这些解释，请向竹如道之。有不同意见，可以辩论。十一月我不一定在京，不见也可吧！

毛泽东

1958年10月25日

〔注释〕

①牛郎星不属大熊星座，它是天鹰星座中的α星。大熊星座中的星和牛郎星都属银河系。

在《毛主席诗词十九首》上的自注

我的几首歪词，发表以后，注家蜂起，全是好心。一部分说对了，一部分说得不对，我有说明的责任。一九五八年十二月，在广州，见文物出版社一九五八年九月刊本，天头甚宽，因而写了下面的一些字，谢注家，兼谢读者。鲁迅一九二七年在广州，修改他的《古小说钩沉》，然后说道：于时云海沉沉，星月澄碧，饕蚊遥叹，予在广州。（编者按：这是毛泽东凭记忆写的。鲁迅一九二七年在广州编校《唐宋传奇集》，作《序例》，文末题记说："时大夜弥天，璧月澄照，饕蚊遥叹，余在广州。"《唐宋传奇集》上册一九二七年十二月由北新书局出版，次年二月续出下册。）从那时到今天，三十一年了，大陆上的饕蚊灭得差不多了，当然，革命尚未全成，同志仍须努力。港台一带，饕蚊尚多，西方世界，饕蚊成阵。安得起全世界各民族千百万愚公，用他们自己的移山办法，把蚊阵一扫而空，岂不伟哉！试仿陆放翁[①]曰：人类今娴上太空，但悲不见五洲同。愚公尽扫饕蚊日，公祭无忘告马翁。

毛泽东

1958年12月21日

〔注释〕

①陆游《示儿》曰："死去元知万事空，但悲不见九州同。王师北定中原日，家祭无忘告乃翁。"

沁园春·长沙

〔击水〕

游泳，那时初学，盛夏水涨，几死者数，一群人终于坚持，直到隆冬，犹在江中。当时有一篇诗，都忘记了，只记得两句："自信人生二百年，会当水击三千里。"

菩萨蛮·黄鹤楼

〔心潮〕

一九二七年，大革命失败的前夕，心情苍凉，一时不知如何是好。这是那年的春季。夏季，八月七号，党的紧急会议，决定武装反抗，从此找到了出路。

清平乐·会昌

〔踏遍青山人未老〕

一九三四年，形势危急，准备长征，心情又是郁闷的。

这首《清平乐》，同前面那首《菩萨蛮》一样，表露了同一的心情。

忆秦娥·娄山关

万里长征，千回百折，顺利少于困难不知多少倍，心情是沉郁的。过了岷山豁然开朗，转到了反面，柳暗花明又一村了。以下诸篇反映了这一种心情。

七律·长征

〔水拍〕

改浪拍为水拍，这是一位不相识的朋友建议改的，他说不要一篇内有两个浪字，是可以的。

〔三军〕

红军一方面军、二方面军、四方面军。不是海陆空三军，也不是古代晋国所谓上军、中军、下军的三军。

念奴娇·昆仑

〔昆仑〕

主题思想是反对帝国主义，不是别的。改一句："一截留中国"改为"一截还东国"。忘记了日本人是不对的。这样，英、美、日都涉及了。别的解释不合实际。

清平乐·六盘山

〔苍龙〕

指蒋介石,不是日本人。因为当时全副精神要对付的是蒋不是日。

沁园春·雪

〔雪〕

反封建主义,批判二千年封建主义的一个反动侧面。文采、风骚、大雕,只能如是,须知这是写诗啊!难道可以谩骂这一些人们吗?别的解释是错的。末三句,是指无产阶级。

七律·和柳亚子先生

〔三十一年〕

一九一九年离开北京,一九四九年还到北京。

〔旧国〕

国之都城,不是 state 也不是 country。

浣溪沙·和柳亚子先生

〔乐奏〕

这里误置为"奏乐",应改。(注:现版本已改正。)

水调歌头·游泳

〔长沙水〕

民谣:常德德山山有德,长沙沙水水无沙。(另稿曰:"常德,山山有德,长沙,水水无沙。")所谓长沙水,地在长沙城东,有一个有名的白沙井。

〔武昌鱼〕

三国孙权一度从京口(镇江)迁都武昌,官僚、绅士、地主及其他富裕阶层不悦,反对迁都,造出口号云:“宁饮扬州(建业)水,不食武昌鱼。”那时的扬州人心情如此,现在改变了,武昌鱼是颇有味道的。

蝶恋花·答李淑一

〔蝶恋花〕

上下两韵不可改,只得仍之。

致胡乔木

乔木同志：

诗两首，请你送给郭沫若同志一阅，看有什么毛病没有？加以笔削，是为至要。主题虽好，诗意无多，只有几句稍好一些的，例如“云横九派浮黄鹤”之类。诗难，不易写，经历者如鱼饮水，冷暖自知，不足为外人道也。

毛泽东

1959年9月7日

作者这里所讲的“诗两首”，当指1959年6月作的《到韶山》和7月1日作的《登庐山》，因中有“云横九派浮黄鹤”句。这句所以好，大概是写想象。崔颢《黄鹤楼》诗已说“黄鹤一去不复返”了，所以“浮黄鹤”只能是想象，想象而还有言外之意，所以好吧。唐《裴休集·黄蘖山断际禅师传心法要》：“明（上座）于言下忽然默契，便礼拜云：‘如人饮水，冷暖自知，某甲在五相会中，枉用三十年功夫！'"信里讲"饮水"的两句或即本此。陶渊明《桃花源记》："此中人语云：'不足为外人道也。'"

致胡乔木

乔木同志：

沫若同志两信都读，给了我启发。两诗[1]又改了一点字句，请再送陈沫若一观，请他再予审改，以其意见告我为盼！

毛泽东

1959年9月13日早上

“霸主”指蒋介石。这一联写那个时期的阶级斗争。通首写三十二年的历史。

〔注释〕

①指毛泽东1959年6月写的《七律·到韶山》和同年7月写的《七律·登庐山》。

《词六首》[1]引言

这六首词，年深日久，通忘记了。《人民文学》编辑部搜集起来，要求发表，因以付之[2]。回忆了一下，这些词是在一九二九至一九三一年在马背上哼成的。文采不佳，却反映了那个时期革命人民群众和革命战士们的心情舒快状态，作为史料，是可以的。

1962 年 4 月

〔注释〕

①《词六首》：指《清平乐 · 蒋桂战争》、《采桑子 · 重阳》、《减字木兰花 · 广昌路上》、《蝶恋花 · 从汀州向长沙》、《渔家傲 · 反第一次大"围剿"》、《渔家傲 · 反第二次大"围剿"》。引言是作者原为这六首词在《人民文学》1962 年 5 月号上发表而写的，后未发，改刊一则较短的。

②1962 年 1 月 15 日，《人民文学》编辑部给毛泽东主席的信中说："最近我们辗转搜寻，找到了您的几首诗词。正因为是辗转搜寻到的，所以不知是否有无讹误，也不知您是否愿意将其发表，或者是不是还需要修改，因此抄寄一份给您，请您指示，并请注上题

目和写作年月。”

对《毛主席诗词》中若干词句的解释[①]

一、“怅寥廓，问苍茫大地，谁主沉浮？”

这句是指：在北伐以前，军阀统治，中国的命运究竟由哪一个阶级做主？

二、“到中流击水。”

“击水”指在湘江中游泳。当时我写的诗有两句还记得：“自信人生二百年，会当水击三千里。”那时有个因是子（蒋维乔），提倡一种静坐法。

三、“山下旌旗在望，山头鼓角相闻。”

“旌旗”和“鼓角”都是指我军。黄洋界很陡，阵地在山腰，指挥在山头，敌人仰攻。山下并没有都被敌人占领，没有严重到这个程度。“旌旗在望”，其实没有飘扬的旗子，都是卷起的。

四、“一枕黄粱再现。”

指军阀的黄粱梦。

五、“国际悲歌歌一曲。”

“悲”是悲壮之意。

六、“枯木朽株齐努力。枪林逼，飞将军自重霄入。”

“枯木朽株”，不是指敌方，是指自己这边，草木也可帮我们忙。“枪林逼”也是指自己这边。“枪林逼，飞将军自重霄入”是倒装笔法，就是：“飞将军自重霄入，枪林逼。”

七、“莫道君行早。”

“君行早”的“君”，指我自己，不是复数，要照单数译。会昌有高山，天不亮我就去爬山。

八、“离天三尺三。”

这是湖南常德的民谣。

九、“西风烈，长空雁叫霜晨月。……雄关漫道真如铁，而今迈步从头越。”

这首词上下两阕不是分写两次攻打娄山关，而是写一次。这里北有大巴山，长江、乌江之间也有山脉挡风，所以一二月也不太冷。“雁叫”、“霜晨”，是写当时景象。云贵地区就是这样，昆明更是四季如春。遵义会议后，红军北上，准备过长江，但是遇到强大阻力。为了甩开敌军，出敌不意，杀回马枪，红军又回头走，决心回遵义，结果第二次打下了娄山关，重占遵义。过娄山关时，太阳还没有落山。

十、“五岭逶迤腾细浪，乌蒙磅礴走泥丸。”

把山比作“细浪”、“泥丸”，是“等闲”之意。

十一、“天若有情天亦老。”

这是借用李贺的句子。与人间比，天是不老的。其实天也有发生、发展、衰亡。天是自然界，包括有机界，如细菌、动物。自然界、人类社会，一样有发生和灭亡的过程。社会上的阶级，有兴起，有灭亡。

十二、“一片汪洋都不见，知向谁边?”

是指渔船不见。

十三、“泪飞顿作倾盆雨。”

是指高兴得掉泪。

十四、“坐地日行八万里，巡天遥看一千河。”

人坐在地球这颗行星上，不要买票，在宇宙里旅行。地球自转的里数，就是人旅行的里数。地球直径为一万二千七百多公里，乘以圆周率，即赤道长，约四万公里，再折合成华里，约八万里。人在二十四小时内走了八万里。

十五、“牛郎欲问瘟神事。”

牛郎织女是晋朝人的传说。

十六、“红雨随心翻作浪，青山着意化为桥。”

“红雨”指桃花。写这句是为下句创造条件。“青山着意化为桥”，指青山穿洞成为桥。这两句诗有水有桥。

十七、“别梦依稀咒逝川，故园三十二年前。……黑手高悬霸主鞭。”

“咒逝川”、“三十二年前”，指大革命失败，反动派镇压了革命。这里的“霸主”，就是指蒋介石。

十八、“冷眼向洋看世界。”

“冷眼向洋”就是“横眉冷对”。

十九、"云横九派浮黄鹤。"

"黄鹤"不是指黄鹤楼。"九派"指这一带的河流,是长江的支流。明朝李攀龙有一首送朋友的诗《怀明卿》:"豫章西望彩云间,九派长江九叠山。高卧不须窥石镜,秋风憔悴侍臣颜。"李攀龙是"后七子"之一。明朝也有好诗,但《明诗综》不好,《明诗别裁》好。

二十、"浪下三吴起白烟。"

"白烟"为水。

二十一、"陶令不知何处去,桃花源里可耕田?"

陶渊明设想了一个名为桃花源的理想世界,没有租税,没有压迫。

二十二、《七律·答友人》的"友人"指谁?

"友人"指周世钊。

二十三、"九嶷山上白云飞。"

"九嶷山",即苍梧山,在湖南省南部。

二十四、"红霞万朵百重衣。"

"红霞",指帝子衣服。

二十五、"洞庭波涌连天雪。"

"洞庭波",取自《楚辞》中的《九歌·湘夫人》:"洞庭波兮木叶下。"

二十六、"长岛人歌动地诗。"

"长岛"即水陆洲,也叫橘子洲,长沙因此得名,就像汉口因在汉水之口而得名一样。

二十七、“芙蓉国里尽朝晖。”

“芙蓉国”，指湖南，见谭用之诗“秋风万里芙蓉国”。“芙蓉”是指木芙蓉，不是水芙蓉，水芙蓉是荷花。谭诗可查《全唐诗》。

二十八、“暮色苍茫看劲松，乱云飞渡仍从容。”

是云从容，不是松从容。

二十九、“僧是愚氓犹可训，妖为鬼蜮必成灾。”

郭沫若原诗针对唐僧。应针对白骨精。唐僧是不觉悟的人，被欺骗了。我的和诗是驳郭老的。

三十、“蚂蚁缘槐夸大国。”

“大槐安国”是汤显祖《南柯记》里的故事。

三十一、“正西风落叶下长安，飞鸣镝。”

“飞鸣镝”指我们的进攻。“正西风落叶下长安”，虫子怕秋冬。形势变得很快，那时是“百丈冰”，而现在正是“四海翻腾云水怒，五洲震荡风雷激”了。从去年起，我们进攻，九月开始写文章，一评苏共中央的公开信。

三十二、“天地转，光阴迫。一万年太久，只争朝夕。”

你要慢，我就要快，反其道而行之。你想活一万年？没有那么长。我要马上见高低，争个明白，不容许搪塞。但其实时间在我们这边，“只争朝夕”，我们也没有那么急。

1964年1月27日

〔注释〕

①1963 年《毛主席诗词》出版后，外文出版社立即组织翻译出版英译本。1964 年 1 月，毛泽东应英译者的请求，就自己诗词中的一些词句，一一作了口头解释。这是根据英译者当时对毛泽东答复所作记录的要点整理的。

致　陈　毅

陈毅同志：

你叫我改诗，我不能改。因我对五言律，从来没有学习过，也没有发表过一首五言律。你的大作，大气磅礴。只是在字面上（形式上）感觉于律诗稍有未合。因律诗要讲平仄，不讲平仄，即非律诗。我看你于此道，同我一样，还未入门。我偶尔写过几首七律，没有一首是我自己满意的。如同你会写自由诗一样，我则对于长短句的词学稍懂一点。剑英善七律，董老善五律，你要学律诗，可向他们请教。

西　行

万里西行急，乘风御太空。
不因鹏翼展，哪得鸟途通。
海酿千钟酒，山裁万仞葱。
风雷驱大地，是处有亲朋。

只给你改了一首，还很不满意，其余不能改了。

又诗要用形象思维，不能如散文那样直说，所以比、兴两法是不能不用的。赋也可以用，如杜甫之《北征》，可谓"敷陈其事而直言之也"，然其中亦有比、兴。"比者，以彼物比此物也"，"兴者，先言他物以引起所咏之词也"。韩愈以文为诗；有些人说他是完全不知诗，则未免太过，如《山石》，《衡岳》，《八月十五酬张功曹》之类，还是可以的。据此可以知为诗之不易。宋人多数不懂诗是要用形象思维的，一反唐人规律，所以味同嚼蜡。以上随便谈来，都是一些古典。要作今诗，则要用形象思维方法，反映阶级斗争与生产斗争，古典绝不能要。但用白话写诗，几十年来，迄无成功。民歌中倒是有一些好的。将来趋势，很可能从民歌中吸引养料和形式，发展成为一套吸引广大读者的新体诗歌。又李白只有很少几首律诗，李贺除有很少几首五言律外，七言律他一首也不写。李贺诗很值得一读，不知你有兴趣否？

祝好！

毛泽东

1965年7月21日

这封信发表在《诗刊》1978 年 1 月号。人民文学出版社《毛泽东诗词选》中，在这封信里有三处加了着重号，今照加。这封信里提到的“五言律”，即五个字一句的律诗，除了五个字一句外，别的要求跟“七律”一样。信里引的《西行》诗“乘风御太空”，《庄子·逍遥游》说“列子御风而行”。列子凭着风飞行。这里指坐飞机在高空飞行。“鹏翼”，比喻飞机的机翼；“鸟途”，指高山上只有鸟能飞过的路，指飞机可以飞过高山。“海”指青海，从飞机上向下看，青海只像一个能酿千杯酒的池子。“山”指葱岭，旧说岭上有葱，古时七尺为仞，岭极高，故称万仞。“风雷”指革命，革命影响大地。坐飞机到西方去，到处受到欢迎，有如亲朋。形象思维，通过形象来表达思想感情。杜甫的《北征》诗，写他离开朝廷，回到家里去。当时朝廷在凤翔，杜甫家在鄜州，鄜州在凤翔东北，所以称《北征》。这首诗叙述他一路经行的情况，所以是赋。其中亦有比、兴。《北征》里写路上所见山果：“或红如丹砂，或黑如点漆。”这就用了两个比喻。《北征》写唐朝请回纥出兵帮助平定安史之乱，说：“阴风西北来，惨淡随回纥。”用阴风来引起回纥。这个阴风就是兴。因为回纥到处抢掠扰害人民，所以用阴风来引起回纥。“韩愈以文为诗”，宋朝陈师道《后山诗话》引黄庭坚说：“韩以文为诗。”韩愈是唐朝著名的古文家。说他完全不知诗，宋朝张戒《岁寒堂诗话》说：“不爱者以为退之(韩愈字)于诗本无所得。”韩愈的《山石》诗，一说韩愈游洛阳北的惠林寺写的诗，开头说：

“山石荦确(不平貌)行径微(路窄),黄昏到寺蝙蝠飞。升堂坐阶新雨足,芭蕉叶大栀子(花名)肥。”又《谒衡岳庙遂宿岳寺题门楼》是写游衡岳庙的,结尾说:“夜投佛寺上高阁,星月掩映云曈朦(朦胧不明)。猿鸣钟动不知曙,杲杲(状明亮)寒日升于东。”又《八月十五日夜赠张功曹》是送给张署的,功曹是一州的佐吏。这诗开头说:“纤云四卷天无河(银河),清风吹空月舒波。沙平水息声影绝,一杯相属君当歌。”三首诗都是有形象的。

这封信里谈到宋诗和新诗问题,臧克家诗人在《论诗遗典在》里说:“毛主席对问题总是一分为二的,对宋人也并不一笔抹杀。像梅尧臣、苏东坡、范成大、陆游、杨万里等人的集子中,可以读到形象动人的佳作,其中也杂有毛主席所指疵的东西。”“关于新诗的形式问题,毛主席多年来一直在关心,在给我们指出一条遵循的路子。以前指示说:‘精练、大体整齐、押韵。’又说:‘在民歌、古典诗歌基础上发展新诗。’毛主席一再强调民歌是创作新体诗歌的一个重要因素,这就关联到新诗的群众化问题,也就是如何创造为广大人民群众喜闻乐见的新诗的民族形式问题。这个问题,自从新诗诞生一直到今天,在六十年漫漫的长途上摸索,寻求而仍未得到解决。从毛主席一再的指示中,我们要认真想一想,新诗应该写成个什么样子?应该写成:短小、精练、生动、活泼,像民歌,像古典诗歌,但又不是民歌,不是古典诗歌,而是吸收它们的养料和形式,发展成为相对固定的、为广大人民群众所承认、所喜

爱的一种新体诗歌。”（见《在毛主席那里作客》）